C·H·Beck

PAPERBACK

AF196043

Würdigen Sie den Gegenstand der Debatte herab! Führen Sie Ihren Gegner auf dünnes Eis! Spielen Sie den Unverstandenen! Und wenn all das nichts hilft: Labern Sie los, bis der Arzt kommt! Nicolas Tenaillon erklärt die hinterhältigsten Strategien zum Überleben in feindlicher Umgebung. Alle diese Tricks haben schon den größten Philosophen von Sokrates bis Sartre aus der Klemme geholfen. Ob in Auseinandersetzungen mit Ihrem Partner, in Meetings oder im vertrauten Gespräch mit Eltern und Freunden: Es gibt immer einen Weg, die fehlgeleiteten Meinungen der anderen zu pulverisieren. Und für den Fall, dass Ihr Gegner dieselben Tricks gegen Sie verwendet, verrät das Buch Ihnen auch die schlausten und elegantesten Abwehrmanöver.

Nicolas Tenaillon ist Philosoph und lehrt seit 2004 an der Katholischen Universität Lille. Seine Kolumnen über «Die Kunst, immer Recht zu behalten» erscheinen seit 2012 im «Philosophie Magazin».

Nicolas Mahler ist Comiczeichner. Neben seinen Buchveröffentlichungen zeichnet er für Zeitungen und Zeitschriften wie die «Titanic» und das «Philosophie Magazin». Er ist mehrfacher Träger des Max-und-Moritz-Preises.

Nicolas Tenaillon

DIE KUNST, IMMER RECHT ZU BEHALTEN

Die besten Tricks der Philosophen

Mit Zeichnungen von Nicolas Mahler

Aus dem Französischen von
Grit Fröhlich und Marianna Lieder

C.H.Beck

FÜR ROSALIE

1. Auflage. 2015

2. Auflage. 2016

3. Auflage. 2018

Veröffentlicht in Zusammenarbeit mit dem

philosophie MAGAZIN

Die Originalausgabe dieses Buches erschien auf Französisch unter dem Titel:

«L'Art d'avoir toujours raison (sans peine)»

© Philo Éditions, Paris 2014

Die hier veröffentlichten Texte erscheinen auf Deutsch

seit 2012 im «Philosophie Magazin».

Trick Nr. 19 wurde von Alexandra Beilharz übersetzt.

4. Auflage. 2022

Für diese Ausgabe:

© Verlag C.H.Beck oHG, München 2015

www.chbeck.de

Gesetzt aus der Arno Pro regular im Verlag

Druck und Bindung: Druckerei C.H.Beck, Nördlingen

Umschlaggestaltung: geviert.com, Michaela Kneißl

Umschlagabbildung: © Nicolas Mahler

Printed in Germany

ISBN 978 3 406 78709 6

klimaneutral produziert

www.chbeck.de/nachhaltig

İNHALT

TRICK NR. 1

Wiederholen Sie sich!

DAS VERFAHREN

Stellen Sie die Nervenstärke Ihres Gesprächspartners auf die Probe, indem Sie unablässig ein und dasselbe Argument wiederholen. Sie sind beispielsweise Gegner der Erbschaftssteuer und bekommen zu hören: «Es ist gerecht, geerbtes Großvermögen zu besteuern!» Sie antworten: «Das führt doch nur dazu, dass hiesiges Vermögen im Ausland investiert wird.» Ihnen wird zu bedenken gegeben: «Es ist eine wichtige Einnahmequelle für den Staat.» Bleiben Sie unbeirrbar und kontern: «Kann sein, allerdings führt es zur Kapitalabwanderung.» Wenn Sie einfach so weitermachen, werden Sie sich wundern, mit wie wenig Aufwand sich ein Streitgespräch gewinnen lässt. Allerdings sollten Sie dabei keineswegs begriffsstutzig wirken. Zu Beginn Ihrer Entgegnung sollten Sie daher unbedingt auf variantenreiche Formulierungen achten, etwa: «Aber ich hatte Ihnen doch bereits gesagt...» oder «Ich möchte versuchen, es Ihnen anders zu erklären...», sehr schön auch: «Auf die Gefahr hin, mich zu wiederholen...» Argumentum ad nauseam nennt sich diese rhetorische Geheimwaffe unter Fachleuten. Ihr Gegner wird das Gespräch irgendwann so satt haben, dass ihn starke Übelkeit zum Aufgeben zwingt. Im besten Fall wird er es sogar sein, der sich begriffsstutzig vorkommt, weil Sie Ihr Anliegen so oft vergeblich zu erklären versucht haben.

Herman Melvilles Held Bartleby war ein Meister dieser Strategie: Als Schreiber einer Anwaltskanzlei verweigerte er seine Arbeit erst teilweise, dann vollständig, allerdings nutzte er das Büro seines Dienstherren als Wohnung. Jeder Aufforderung setzte er sein «I would prefer not to» («Ich würde lieber nicht») entgegen. Der Chef wurde es irgendwann leid, überließ Bartleby das Büro und suchte sich ein neues.

DIE ABWEHR

Man kann sich gegen diese Zermürbungstaktik durchaus erfolgreich zur Wehr setzen. Konfrontieren Sie Ihr sich wiederholendes Gegenüber mit der Bemerkung, sein Verhalten gleiche dem eines Papageis. Sollte das nicht wirken und er kommt Ihnen erneut mit seinem alten Argument, bleibt Ihnen nur noch der Verweis auf Montaigne: «Die hartnäckige Verteidigung seiner Meinung ist das gewisseste Zeichen der Dummheit» («Essais», Buch II, Kap. 8).

TRICK NR. 2

Behaupten Sie das Gegenteil!

DAS VERFAHREN

Beim Angriff wird wie folgt vorgegangen: Sie übernehmen das Argument Ihres Gesprächspartners Wort für Wort, um es in sein Gegenteil zu verkehren. Beispielsweise vertritt Ihr Gegenüber die Ansicht: «Das ist ein Kind. Man muss nachsichtig mit ihm umgehen.» Antworten Sie: «Eben weil es ein Kind ist, sollte man keinesfalls nachsichtig mit ihm sein! Sonst wird es nämlich nie erwachsen.» Schopenhauer zufolge ist dies die eleganteste aller rhetorischen Finten, weil dabei mit einem Minimum an Aufwand ein Maximum an Wirkung erzielt wird. In der Tat – die bloße Verwendung des Wörtchens «eben», verbunden mit einer Verneinung, macht Sie zum strahlenden Sieger der Debatte. Das Material des Arguments hat Ihnen ja bereits Ihr Gegner geliefert, ein Umstand, der nicht unwesentlich zu seiner Demütigung beiträgt.

Die meisten großen Philosophen beherrschten dieses Verfahren aus dem Effeff – Hegel etwa, der darauf bedacht ist, die Freiheit nicht mit der Moral in eins zu setzen: Das Kant'sche Diktum «Du kannst, denn du sollst» dreht er in seiner «Wissenschaft der Logik» einfach um, wenn er schreibt: «Du kannst nicht, eben weil du sollst. Denn im Sollen liegt ebenso sehr die Schranke als Schranke» (I, § 141). Dieser als retorsio berüchtigten Argumentationsfinte gebührt ein Ehrenplatz in der Philosophiegeschichte. Denn jeder große Geist musste sich zunächst als rebellischer Schüler gegen seinen Meister beweisen.

DIE ABWEHR

Um sich gegen dieses demütigende Verfahren zur Wehr zu setzen, genügt es, die eigene Ansicht unverzagt zu bekräftigen. Sie drehen das von Ihrem Gegner verdrehte Argument erneut um. Im oben angeführten Streitfall über Kindererziehung würde der Verteidigungsschlag also lauten: «Eben gerade weil autoritäre Erziehung zu nichts führt, muss man nachsichtig sein.» Damit signalisieren Sie, dass Sie die Gegenthese bereits durchdacht und verworfen haben. Allerdings sollten Sie bei den Worten «eben gerade» auf eine subtil modulierte Stimmlage achten. Betonen Sie hier keinesfalls zu stark! Denn dann wäre zu offenkundig, dass sich die Schlagkraft Ihres Arguments aus der bloßen Verneinung speist.

TRICK NR. 3

Dem anderen ein Etikett
verpassen

DAS VERFAHREN

Greifen Sie nicht an, was Ihr Gegner sagt, sondern was er ist. Niemand kann seinem Geschlecht, seinem Alter oder seiner sozialen Situation ohne Weiteres entrinnen. Daher kann es sehr wirksam sein, darauf anzuspielen. Erwecken Sie den Eindruck, dass die Thesen Ihres Gegenübers der gesellschaftlichen Gruppierung entspringen, der er angehört: Die negativen Vorurteile gegenüber dieser Gruppe werden Ihnen in die Hände spielen. Natürlich sollten Sie nicht in rassistische Beleidigungen verfallen, die dumm und niederträchtig sind. Aber Sie können zum Beispiel suggerieren, dass Ihr Gegner als Hauptstädter oder als Angehöriger der Toskana-Fraktion den Kontakt zur einfachen Bevölkerung völlig verloren hat.

Die Soziologen nennen das: «eine Abweichung zuschreiben». So hat der Soziologe Erving Goffman in «Stigma» gezeigt, wie jede Abweichung vom Ideal des guten amerikanischen Bürgers («ein junger, verheirateter, weißer, städtischer, nordstaatlicher, heterosexueller, protestantischer Vater mit Collegebildung») zur Ausgrenzung eines Individuums führen kann. Dass der Amtsantritt eines schwarzen Präsidenten in Washington daran etwas ändern wird, ist noch nicht gesagt. Einer jüngeren Umfrage zufolge glauben über 30 Prozent der Amerikaner, Barack Obama sei Muslim (zum Zeitpunkt seiner Wahl waren es nur 7 Prozent). Offenbar wollen seine Gegner ihn stigmatisieren, indem sie aus einer tatsächlichen, aber kaum instrumentalisierbaren Abweichung (seiner Hautfarbe) eine fiktive, aber durchaus wirkungsvolle Abweichung machen.

In der heutigen Zeit ist dieser Trick mit größter Vorsicht anzuwenden, doch bei Vorurteilen, die nur auf ihre Wiederbelebung warten, kann er Ihrem Gegner ernsthaft gefährlich werden.

DIE ABWEHR

Wenn man versucht, Ihnen ein Etikett zu verpassen, um Ihre Argumente abzuwerten, haben Sie zwei Möglichkeiten zu kontern: Stolz oder Gleichgültigkeit. Sie können stolz auf Ihre Herkunft sein wie Rousseau, der seine Heimatstadt, die Republik Genf, pries und ihr seine «Abhandlung über den Ursprung und die Grundlagen der Ungleichheit unter den Menschen» widmete. Oder Sie können sie missachten wie Diogenes: Als die Athener sich über ihn lustig machten, weil er von den Einwohnern Sinopes verbannt worden war, erwiderte er ihnen, dass er es gewesen sei, der die anderen unter Hausarrest gestellt habe.

TRICK NR. 4

Führen Sie Ihren Gegner auf dünnes Eis!

DAS VERFAHREN

Treiben Sie Ihren Gesprächspartner in die Enge, indem Sie ihm die skandalösen Konsequenzen seiner Überzeugung aufzeigen. So spricht er sich beispielsweise für mehr FKK-Gebiete aus. Machen Sie ihn darauf aufmerksam, dass Nacktstrände das Paradies für Pädophile sind. Oder jemand ist der Ansicht, die Waffenbesitz-Gesetze könnten etwas gelockert werden. Fragen Sie ihn, ob er sich eine Gesellschaft wünscht, in der Mord, Totschlag und Anarchie an der Tagesordnung sind. Ihr Gegenüber befindet sich mit einem Mal auf bedenklich dünnem Eis. Denn Sie haben einen extremen, gelegentlich auftretenden Zusammenhang als allgemeingültiges Ursache-Wirkung-Verhältnis dargestellt. Dabei haben Sie die zwischengelagerten Gründe verschwiegen, durch die es zu jener «schrecklichen Konsequenz» kommen kann. Darin liegt Ihre besondere Raffinesse.

Dieses Verfahren wird besonders gerne von Juristen angewandt. Jene etwa, die die Legalisierung «weicher» Drogen verteufeln, weisen gerne darauf hin, dass dies der Anfang vom Ende sei, weil damit automatisch der Konsum harter Drogen begünstigt werde. Folgt man allerdings Bernard Williams, dem großen britischen Moralskeptiker, riskiert man bei Anwendung dieses, wie er es nannte, Slippery-Slope-Arguments (engl. «rutschige Piste») selbst, den Boden unter den Füßen zu verlieren. Denn zumeist beruft man sich dabei auf alte, metaphysikverdächtige Ideologeme (Abtreibungsgegner etwa führen das «menschliche Wesen» an, Umweltschützer glauben vorbehaltlos an «die Natur»).

DIE ABWEHR

Die beste Antwort ist in diesem Fall, die rutschige Piste in aller Ruhe zurückzugehen, die falschen Wahrheiten Ihres Gegners anzuprangern und offenzulegen, was er verschwiegen hat. So können Sie vorbringen, dass FKK eine gesunde Rückkehr zur Natur sei, während die Pädophilie eine kulturelle Perversion sei. Oder dass das Verbot des Waffenbesitzes mehr Verbrechen hervorbringe als verhindere. Notfalls haben Sie immer die Möglichkeit, die Unausweichlichkeit der «schrecklichen Konsequenzen» anzuzweifeln, indem Sie mit dem Dramatiker Pedro Calderón de la Barca argumentieren: «Nicht immer trifft das Schlimmste ein.»

TRICK NR. 5

Schweigen Sie effektvoll!

DAS VERFAHREN

Verharren Sie so lange wie möglich in Schweigen und greifen Sie in die Diskussion nur ein, um einen unwiderlegbaren Satz zu äußern, der die Debatte beendet. Diese Strategie bezieht ihre Wirkung aus der Anerkennung, die man diskreten Menschen spontan entgegenbringt. In der Tat schreibt man jemandem, der zu warten weiß und sich mit seinen Worten zurückhält, gern Eigenschaften wie Höflichkeit und Tiefgründigkeit zu. Schweigen ist ein gutes Mittel, um weise zu erscheinen, um den Eindruck zu erwecken, man stehe über den Dingen und wäge ihre Bedeutung sorgfältig ab. Vor allem macht, wer diese Strategie wählt, aus dem anderen einen oberflächlichen Schwätzer. Jeder Schwadroneur scheint sich angreifbar zu machen, wenn man dem berühmten letzten Satz von Ludwig Wittgensteins «Tractatus logico-philosophicus» folgt: «Wovon man nicht sprechen kann, darüber muss man schweigen.» Wir müssen allerdings zugeben, dass die Anwendung dieses Tricks unserem gallischen Gemüt etwas zuwiderläuft, da wir gern meckern und protestieren.

In seinem «Versuch über den Ursprung der Sprachen» hat bereits Jean-Jacques Rousseau angemerkt: «Wenn ein Franke [ein Franzose] viel um sich geschlagen und seinen Körper damit abgemüht hat, viele Worte zu sagen, nimmt ein Türke einen Moment lang die Pfeife aus dem Mund, sagt halblaut zwei Worte und vernichtet ihn mit einem Satz.»

DIE ABWEHR

Wenn Sie merken, dass die Angriffsstrategie Ihres Gegners darin besteht, sich in Schweigen zu hüllen, zwingen Sie ihn zum Sprechen, indem Sie ihm zurufen: «Und Sie, was meinen Sie dazu?» Ein anderer möglicher Gegenangriff: Interpretieren Sie sein Schweigen öffentlich als Unannehmlichkeit für alle: «Ein Engel schwebt vorüber.» Notfalls mauern Sie ihn in sein Schweigen ein, indem Sie das Sprichwort zitieren: «Wer schweigt, stimmt zu.»

TRICK NR. 6

Stellen Sie sich dumm!

DAS VERFAHREN

Wenn eine Diskussion schlecht läuft, gestehen Sie einfach, dass Sie die Diskussionsgrundlage nicht kennen. Man fragt Sie etwa, ob Sie für den Darwinismus seien. Antworten Sie, dass Sie Darwin nie gelesen hätten. Da es wenig wahrscheinlich ist, dass Ihr Gesprächspartner das Buch «Über die Entstehung der Arten» selbst gelesen hat, hindern Sie ihn so daran, seine Argumentation zu entwickeln. Ein anderes Beispiel: Man wirft Ihnen vor, dass Sie die Nationalhymne im Stadion nicht mitsingen. Sagen Sie, dass Sie sie in der Schule nie gelernt hätten. Ihr Nebenmann wird sich sicherlich nicht die Mühe machen, sie Ihnen noch vor dem Anstoß beizubringen.

Jedes Wortgefecht beruht auf einem impliziten Wissen, das man teilt. Wenn Sie auf die Gutgläubigkeit Ihres Gegenübers setzen und vortäuschen, «nicht auf dem Laufenden zu sein», untergraben Sie diese gemeinsame Grundlage und machen den Dialog unmöglich. Es ist verblüffend, wie sehr man seinen Gegner durch das Eingeständnis der eigenen Dummheit entwaffnen kann. Man kann jemandem vorwerfen, schlecht Bescheid zu wissen oder Informationen zu manipulieren, aber wie soll man jemandem vorwerfen, etwas nicht zu kennen? Auf diese Weise nehmen Sie eine unschuldige Haltung ein und sind nicht mehr angreifbar.

Dieser Trick wird derart häufig benutzt, dass der Gesetzgeber seinem Missbrauch vorbeugen musste und nach dem Prinzip verfährt: Unkenntnis schützt vor Strafe nicht. Zwar kennt kein Jurist sämtliche Gesetze und Gesetzesänderungen – doch das Prinzip ist notwendig, sonst würden sich alle Angeklagten hinter einer Dummheit verstecken, deren Echtheit nicht überprüfbar wäre.

DIE ABWEHR

Wenn sich jemand dumm stellt, darf man ihn nicht mit dem eigenen Wissen erschlagen, sondern muss ihn dazu bringen, sich öffentlich für inkompetent, also dumm zu erklären. Wenn er unschuldig tut, kann man ihm aus seiner Unbedarftheit einen Strick drehen und ihm etwa raten, doch einmal Nachrichten zu schauen oder nochmal zur Schule zu gehen. Argumentieren Sie beispielsweise: Wenn man Darwins Hypothesen nicht kennt, kann man die aktuellen Debatten zur Genetik nicht verstehen. Oder im zweiten Fall: Wenn man sagt, dass man die Nationalhymne nicht kenne, um sie nicht singen zu müssen, ist man entweder ein schlechter Staatsbürger oder ein schlechter Anarchist.

TRICK NR. 7

Berufen Sie sich auf
Statistiken!

DAS VERFAHREN

Um eine Diskussion zu gewinnen, zitieren Sie möglichst viele Statistiken und lassen Sie die Zahlen für sich sprechen. Statt zu sagen, dass es falsch wäre, die Dauer der Sommerferien zu verkürzen, weil das dem Tourismus schaden würde, tragen Sie vor, dass bei einem früheren Beginn des Schuljahrs die Badeanstalten 18 Prozent ihrer Einnahmen verlören und die Fluggesellschaften 7 Prozent. Außerdem seien «einer neueren Umfrage zufolge» 87 Prozent der befragten Urlauber gegen eine Verkürzung, da sie auch weiterhin frei entscheiden möchten, ob sie im Juli oder im August verreisen.

Es macht nichts, dass diese Zahlen frei erfunden sind. Worauf es ankommt, ist, dass sie für das Publikum glaubhaft klingen und klar rüberkommen. Wenn Sie Zahlen nennen, werden Sie automatisch für jemanden gehalten, der sich auskennt, sprich: für einen Experten. Ihr Gegner wird sich so gezwungen sehen, Ihren Zahlen andere entgegenzusetzen, um nicht das Gesicht zu verlieren. Doch es ist unwahrscheinlich, dass er Zahlen parat hat, um Sie zu widerlegen. Er ist Ihnen also in die Falle gegangen. Das Publikum aber wird wahrscheinlich eher Ihrer These zustimmen – schon der amerikanische Wissenschaftshistoriker Stephen Jay Gould hat in «Der falsch vermessene Mensch» gezeigt, «welches besondere Prestige Zahlen haben und wie schwierig es ist, sie zu widerlegen».

DIE ABWEHR

Wenn Ihr Angreifer sich auf Statistiken beruft, verlangen Sie genaue Quellenangaben. Wenn er sich den Anschein von Wissenschaftlichkeit gibt, nageln Sie ihn fest und fordern von ihm höchste Genauigkeit. Sollte er Ihnen plausible Quellen nennen, verlassen Sie das quantitative Feld und bringen stattdessen qualitative Argumente ins Spiel («Die Sommerferien sollten verkürzt werden, um den Lehrplan während des Schuljahrs zu entzerren und den Schülern mehr Zeit zu geben, das Gelernte zu verarbeiten»). Kommt Ihr Gegner Ihnen aber erneut mit Erhebungen, dann bleibt Ihnen immer noch der Hinweis auf Pierre Bourdieu, der betonte: «Es gibt keine öffentliche Meinung», denn sämtliche Umfragen seien stets ideologisch kontaminiert und ohne ernst zu nehmenden Wahrheitswert.

Den Gegenstand der Debatte herabwürdigen

DAS VERFAHREN

Die Debatte verläuft für Sie unerfreulich. Verstopfen Sie das Problem an der Quelle. Betonen Sie, wie lächerlich das Gesprächsthema doch sei, also eigentlich nicht der Rede wert. Damit werden automatisch alle gegen Sie gerichteten Argumente für Blödsinn erklärt. Beispielsweise vertritt Ihr Gegner die Position, dass es besser sei, taub zu sein als blind. Schließlich würden 80 Prozent aller Informationen visuell übermittelt. Wenden Sie ein, dass bereits Diderot in seinem «Brief über die Blinden» meinte, dass der Verlust des Augenlichts niemanden daran hindere, ein großer Mathematiker zu sein. Auch könne man blind und eine begnadete Musikerin sein. Vermutlich wird Ihnen die Gegenseite jetzt mit Beethoven kommen, der trotz seiner Taubheit doch so großartig komponiert habe. Außerdem könne kein Maler, einmal erblindet, mit seiner Kunst fortfahren. Nun hat Ihr Kontrahent Sie tatsächlich in die Enge getrieben. Schlagen Sie zurück mit dem Hinweis, dass offenkundig weder Sie noch er von einer eklatanten Seh- oder Hörschwäche betroffen seien. Es sei mithin völlig abwegig, die Handicaps anderer bewerten zu wollen.

Die Philosophiegeschichte ist voll von Debatten, die aufgegeben wurden, weil sie zu albern waren: Haben Engel ein Geschlecht? Wieviel Gramm wiegt die Seele? Es ist nicht bloß eine sophistische Taktik, den Gegenstand der Debatte herabzuwürdigen, man spart sich zudem seine wahrheitssuchende Diskussionsfreude für sinnvolle Themen auf.

DIE ABWEHR

Wenn Ihr Gegner versucht, sich aus der Diskussion zu winden, indem er diese für nichtig erklärt, sollten Sie sein infantiles Verhalten rügen: «Doofes Spiel, macht keinen Spaß», sagen Kinder, die dabei sind zu verlieren. Anmerken sollten Sie außerdem, dass dieses trotzige Verhalten auf eine regressive und narzisstische Persönlichkeit schließen lässt. Man kennt derlei von verzweifelten Liebhabern. Prousts Held Swann etwa versucht, sein Gesicht zu wahren, indem er sich einredet, dass Odette «eigentlich gar nicht sein Typ» sei.

Bringen Sie Ihren Gegner in Misskredit!

DAS VERFAHREN

Eines der wirksamsten (und hinterhältigsten) Mittel, eine Diskussion zu gewinnen, besteht darin, den Gegner durch schlechte Gesellschaft in Misskredit zu bringen: Seine Argumente sind einfach deshalb zu verwerfen, weil sie denen einer allgemein geächteten Person ähneln. Zum Beispiel vertritt Ihr Gesprächspartner die Meinung, dass man die Oscars boykottieren solle, weil ihre Verleihung von großen Hollywood-Produzenten manipuliert werde. Erwidern Sie: «Sie sind Anti-Amerikaner? Wie Mahmud Ahmadinedschad! Dann überrascht mich nichts mehr...» Und schon haben Sie Ihrem Kontrahenten das negative Image eines Schurken angehängt. Darüber vergessen die Zuhörer leicht den Inhalt der bis dahin vorgebrachten Argumente. Man kann hier so weit gehen, Anspielungen auf Kriminelle oder Diktatoren zu wagen. Darum wird diese Argumentationsfigur im Übrigen auch Reductio ad Hitlerum genannt.

Will man den Zorn seines Kontrahenten nicht heraufbeschwören, kann man diesen Trick auch entpersonalisiert verwenden: Es genügt, einen Zusammenhang mit einer historischen Epoche herzustellen, die einstimmig verurteilt wird: «Das hat man auch in den 1930er Jahren gesagt...» Auch so haben Sie gute Chancen, dem Ansehen Ihres Gegners beim Publikum zu schaden und seine Argumentation der Lächerlichkeit preiszugeben.

DIE ABWEHR

Um diesem Trick etwas entgegenzusetzen, empfiehlt es sich nicht, ihn selbst zu benutzen. Damit würden Sie lediglich das Niveau der Diskussion noch ein bisschen weiter senken. Besser ist es immer noch, das Verfahren anzuprangern. Signalisieren Sie also den Zuhörern, dass sie nicht auf den gegen Sie verwendeten Trick hereinfallen sollen: «Ich verstehe, worauf Sie hinaus wollen ... Sie möchten uns hier gern weismachen, dass alle, die deutsche Schäferhunde mögen, mit den Nazis sympathisieren? Ach, kommen Sie, wer hier im Saal würde denn so etwas glauben?» Mit dieser Erwiderung retten Sie nicht nur Ihre eigene Ehre, sondern auch die des Publikums, das Ihnen prompt seine Dankbarkeit erweisen wird ...

TRICK NR. 10

Plagiieren Sie Ihren Gesprächspartner!

DAS VERFAHREN

Wenn Ihnen in einer Diskussion nichts einfällt, klauen Sie einfach die Ideen Ihres Gegenübers. Angenommen, er behauptet mit Verweis auf Hegel, dass die Geschichte nur durch Krisen fortschreite. Sagen Sie: «Aber Sie vergaßen zu präzisieren, dass Hegel meinte, es gebe keine größeren historischen Fortschritte ohne Krieg.»

Warten Sie jetzt ab, dass Ihr Gegner erneut das Wort ergreift, und starten Sie dann eine neue Plagiatsattacke. Zum Beispiel erklärt er, dass Kriege allerdings unvorhersehbare politische Konsequenzen haben könnten – eine Ansicht, die übrigens auch Tolstoi in «Krieg und Frieden» vertreten habe. Machen Sie weiter: «Erlauben Sie mir hinzuzufügen, dass, wer flächendeckende Gewalt als Herrschaftsmittel anwendet, am Ende immer von den Folgen der Barbarei überrascht wird – wie Tolstoi sehr treffend in seinem bedeutendsten Roman zeigt, der zugleich eine Hommage an Russland ist.» Natürlich wird Ihr Gesprächspartner genervt sein: Da Sie ihn unterbrechen, um mit anderen Worten noch einmal zu sagen, was er gerade erklärt hat, hindern Sie ihn an einer zusammenhängenden Argumentation. Und indem Sie seine Referenzen aufgreifen, erwecken Sie den Eindruck, die Quellen mindestens so gut zu kennen wie er. Dank dieser Masche bringen Sie Ihren Gegner schließlich zur Verzweiflung. Und das Publikum wird gewiss Ihnen den Preis der Originalität zuerkennen, denn aus seiner Sicht hat Recht, wer das letzte Wort hat.

DIE ABWEHR

Am naheliegendsten ist es, das Plagiat bloßzustellen: «Aber das habe ich doch eben gesagt!» Allerdings sollten Sie sich nicht mit solch einer Abwehrstrategie begnügen. Sie müssten jedes Mal, wenn Ihr Plagiator Sie unterbricht, denselben Satz wiederholen, würden sich also bloß echauffieren und am Ende als Verlierer vom Platz gehen. Versuchen Sie lieber, Ihren Gegner aus dem Konzept zu bringen, indem Sie ihn zu Ihren Quellen befragen: «Wo schrieb Hegel nochmal, dass nichts Großes ohne zerstörerische Leidenschaft vollbracht wurde?» Lassen Sie die nötige Zeit verstreichen, damit sein Nichtwissen offenbar wird. «Ach ja, jetzt fällt es mir ein: Es war in ‹Die Vernunft in der Geschichte›.» Oder: «Helfen Sie meinem Gedächtnis auf die Sprünge: In welchem Kontext sagte Tolstoi, dass ein Ereignis nie aus einer geordneten Reihe von Geschehnissen hervorgeht, sondern alles ‹das Resultat zahlloser Zusammenstöße der mannigfaltigsten selbständigen Willensregungen ist›?» (Schweigen) «War es nicht, als er über die Schlacht von Borodino schrieb?» So zeigen Sie, dass Ihr Gegner sich eines Gebiets bemächtigt hat, das er nur schlecht kennt, und nichts als ein Hochstapler ist!

TRICK NR. 11

Nehmen Sie sich ein Beispiel an den Reichen!

DAS VERFAHREN

Sie möchten Ihren Gesprächspartner davon überzeugen, dass es sich bei einem großen Literaten stets um einen Schriftsteller handelt, der mehrere Bücher pro Jahr schreibt, mithin um jemanden, dessen ungewöhnliches Genie zu einem niemals versiegenden Wort- und Geldfluss führt. Der Beweis: James Patterson, reichster Autor der Welt, veröffentlicht jedes Jahr acht oder neun Krimis! Oder untermauern Sie Ihre These mit der Autorität Ihrer Eltern, die stets mildes Missfallen an Ihren mangelhaften Ambitionen ausdrücken: «Nimm dir ein Beispiel an deinem Bruder. Er hat die richtigen Entscheidungen getroffen. Deswegen verdient er auch fünf Mal so viel wie du.» Damit werden Sie sehr gut durchkommen, denn in unserer nutzenorientierten Gesellschaft hat der Erfolg immer Recht, vor allem der finanzielle. Argumentum ad crumenam nennt sich diese kostbare verbale Strategie. Das Geheimnis des damit ganz sicher erzielten rhetorischen Erfolgs: Derjenige, der bestreitet, dass der Reiche im Recht ist, stellt sich selbst als verbitterten Neidhammel bloß.

DIE ABWEHR

Schwierig – aber möglich. So können Sie Herman Melville als Gegenbeispiel anführen. Er war zwar produktiv, blieb jedoch arm. Wegen seines Romans «Moby Dick» wurde er erst postum gefeiert. Anderen genügte zu Lebzeiten ein einziges Buch, um reich und berühmt zu werden – der Schriftstellerin Harper Lee etwa, die 1961 für «Wer die Nachtigall stört» den Pulitzer-Preis erhielt. Außerdem sollten Sie aussprechen, was viele nicht ahnen: Hinter jedem Bestseller steht immer auch ein ausgeklügeltes, multimediales Marketing! Spätestens jetzt müsste Ihr Widersacher sich geschlagen geben. Denn jedem ist klar, dass in unseren heutigen Demokratien nicht die tatsächlich Besten gewählt werden, sondern jene, die von den «Medienlobbyisten» zu den Besten ernannt worden sind.

Damit hätten Sie das vermeintlich objektive Geld-gibt-Recht-Argument als selbstgerechte Finte enttarnt, denn wie bereits Tocqueville sagte: «Die Welt wird von der öffentlichen Meinung gelenkt.»

TRICK NR. 12

Pochen Sie auf Definitionen!

DAS VERFAHREN

Sie merken, dass Ihr Gesprächspartner die Oberhand gewinnt. Fordern Sie ihn auf, die Begriffe zu definieren, auf denen seine Argumente beruhen. So benutzte Nicolas Sarkozy einmal das Wort «Säuberung», um die personellen Veränderungen zu charakterisieren, die François Hollande an der Spitze der staatlichen Organe plante. Dieses mit Konnotationen befrachtete Wort rief umgehend die Linken auf den Plan. Sarkozy verteidigte sich wie folgt: «Schauen Sie sich doch die Definition im Wörterbuch an, das Wort hat überhaupt nichts Skandalöses.»

Wenn man sein Gegenüber auffordert, die Bedeutung der von ihm benutzten Wörter zu präzisieren, gibt man ihm zu verstehen, dass er diese nicht beherrscht oder dass er mit ihrer Mehrdeutigkeit spielt. Es verunsichert immer, der Dummheit oder der Unredlichkeit verdächtigt zu werden. Außerdem zwingen Sie Ihren Gegner, sein Vokabular in einem Moment zu überprüfen, wo er eigentlich seine Argumentation entwickeln wollte.

Die Geistesgeschichte ist voll von Beispielen für Unterbrechungen dieser Art. Von Einstein wird erzählt, dass er auf die Frage, ob er an Gott glaube, geantwortet habe: «Definieren Sie mir zunächst, was Sie unter Gott verstehen, und ich werde Ihnen sagen, ob ich daran glaube.» Beinahe schon pathologisch verbreitet ist dieser Trick bei Psychoanalytikern. Sie sind besonders geschickt bei seiner Anwendung, allerdings aus einem anderen Motiv heraus: Da jedes Wort ein Begehren verbergen könnte, kann das Definieren einen unterdrückten Trieb ans Licht bringen.

DIE ABWEHR

Es ist nicht leicht, aus dieser Falle herauszukommen. Sehr oft sind die Begriffe, die wir benutzen, fließend und schlecht fassbar. Am besten wehrt man sich, indem man den fraglichen Wörtern die Bedeutung zuspricht, die am weitesten verbreitet ist. Beim Beispiel des Begriffs «Säuberung» steht seine tragische Konnotation im Vordergrund, darum muss man an diese erinnern: «Man kann das Wort ‹Säuberung› nicht mehr ohne Hintergedanken verwenden …» Noch einfacher ist es, das Wörterbuch-Spielchen zu verweigern: «Warum wollen Sie denn, dass ich das Wort ‹Säuberung› definiere?» Und wenn der Gegner stur bleibt, beenden Sie die Sache entschlossen: «Also, ich werde mich nicht bei jedem Wort aufhalten, sonst kommen wir nie zum Ende der Diskussion. Wenn Sie Verständnisprobleme haben, müssen Sie Ihr Deutsch auffrischen!»

TRICK NR. 13

Tun Sie beleidigt!

DAS VERFAHREN

Manchmal genügt es, ein Argument Ihres Gegners nur etwas zu verdrehen: Tun Sie so, als sähen Sie darin einen Angriff «ad hominem», der Sie persönlich verletzt. Mit anderen Worten: An die Stelle der Begriffe tritt der Affekt. Ihr Kontrahent vertritt die Meinung, dass Nichtwählen gefährlich für die Demokratie sei, weil man damit den antirepublikanischen Parteien in die Hände spiele. Setzen Sie eine empörte Miene auf und erwidern: «Sie wollen wohl sagen, ich sei ein Faschist oder Stalinist, weil ich es angesichts der schlechten Kandidaten bei den letzten Wahlen abgelehnt habe zu wählen. Sie beleidigen mich zutiefst!» Damit gewinnen Sie wertvolle Punkte: Sie verunsichern Ihren Gegner, der mit seiner Anprangerung von Nichtwählern keineswegs die Absicht hatte, Sie persönlich zu beschuldigen. Vor allem aber gewinnen Sie die Sympathie des Publikums. Denn wahrscheinlich befinden sich darunter einige Politikverdrossene, die wie Sie schon mindestens einmal den Wahlurnen ferngeblieben sind. Wenn Sie sagen, Sie fühlten sich verletzt, so suggerieren Sie auf raffinierte Weise, dass die Äußerung Ihres Gegners auch ein Angriff auf die anderen ist.

Extreme Parteien, die per definitionem aggressiver sind, setzen diese Strategie der kollektiven Beleidigung gern ein. 2012 wurde Marine Le Pen im Präsidentschaftswahlkampf von einem ihrer Gegenkandidaten attackiert, der sie als «Halbverrückte» hinstellte. Darauf erwiderte sie: «Wenn Sie mich beleidigen, beleidigen Sie Millionen Franzosen und 40 Prozent der Arbeiter, die vorhaben, mich zu wählen.»

DIE ABWEHR

Sobald jemand Ihre Argumente verdreht und sich zum Opfer stilisiert, drehen Sie den Spieß um und tun auch Sie beleidigt: «Wollen Sie mich etwa für einen Robespierristen halten, einen Ewiggestrigen, der die Abstimmung durch Handaufheben wieder einführen will? Wir sind doch hier nicht bei ‹Tim im Lande der Sowjets›!» Eine andere Lösung: Wenn sich Ihr Gegner als Opfer präsentiert, stellen Sie seine Schwäche mit den Worten des Dichters Paul-Jean Toulet bloß: «Es gibt Menschen, die sind empfindlich wie Austern. Man kann sie nicht berühren, ohne dass sie zuklappen.» Oder streichen Sie Ihre Stärke mit Jonathan Swift deutlich heraus: Der Autor von «Die Kunst der politischen Lügen» meinte, man müsse «Schurken ärgern, auch wenn sie unverbesserlich sind».

Loslabern, bis der Arzt kommt

DAS VERFAHREN

Sie haben es mit einem besonders reflektierten und wendigen Gegner zu tun? Dann sollten Sie den Dialog umgehend in einen Monolog verwandeln! Haben Sie erst mal das Wort ergriffen, dürfen Sie es um keinen Preis wieder abgeben. Ihr Gesprächspartner ist folglich gezwungen, Sie zu unterbrechen, um überhaupt etwas sagen zu können. Damit bietet er Ihnen die Gelegenheit, ihn wegen seiner Unhöflichkeit zu rügen. Doch der eigentliche Strategievorteil, den Sie sich durch unermüdliches Drauflosreden verschaffen, liegt darin, dass Sie Ihr Gegenüber heillos überfordern: Denn er wird kaum in der Lage sein, Ihren wortreich vorgetragenen Gedanken zu folgen und dabei gleichzeitig seine Gegenposition neu zu justieren. Sollte er sich auf seine anfänglichen Argumente versteifen, weisen Sie ihn auf seine Unaufmerksamkeit hin. Sollte er allerdings tatsächlich versuchen, all das, was Sie sagen, aufzunehmen, haben Sie ihn in der Hand. Jeder noch so gründliche und wohlgeordnete Geist kann durch einen wuchtigen Redeschwall in Verwirrung gestürzt werden. Weshalb man durch einen scheinbar unkontrollierbaren Wortfluss die vollständige Kontrolle über den Gesprächspartner gewinnt, erkannte Arthur Schopenhauer, der im Kunstgriff 36 seiner «Kunst, Recht zu behalten» aus Goethes «Faust» zitiert: «Gewöhnlich glaubt der Mensch, wenn er nur Worte hört / es müsse sich dabei doch auch etwas denken lassen.»

DIE ABWEHR

Sprechdurchfall, auch verbale Inkontinenz oder Logorrhö genannt, kann ein Hinweis darauf sein, dass grundsätzlich etwas nicht stimmt. Bisweilen tritt er in Zusammenhang mit organischen Fehlbildungen auf, dem sogenannten Wasserkopf etwa. Zumeist allerdings handelt es sich dabei um die Folge übermäßigen Alkoholkonsums. Jeder Barkeeper kann ein Klagelied vom Mitteilungsdrang des letzten Gastes singen. Wenn Ihr Gegenüber Sie also einfach nicht zu Wort kommen lässt, setzen Sie den Blick eines besorgten Arztes auf. Sobald er irritiert innehält, konfrontieren Sie ihn: «Sie leiden an Logorrhö. Das ist heilbar.» Diese Diagnose sollten Sie durch die süffisante Anmerkung abrunden, dass jener, der versucht, ein Thema so erschöpfend wie möglich zu behandeln, in der Regel nur seine Zuhörer in die Erschöpfung treibt.

TRICK NR. 15

Daten Sie sich up!

DAS VERFAHREN

Das Neue ist immer aufregend. Wenn Sie Ihren Gesprächspartner alt aussehen lassen wollen, dann sollten Sie in Ihrer Wortwahl unbedingt Innovationswille und Dynamik zum Ausdruck bringen. Bedienen Sie sich großzügig der Jugendsprache, des popkulturellen Mainstream-Slangs, vor allem aber des Denglischen. Versäumen Sie nicht, Ihren Gegner explizit auf seine altfränkischen sprachlichen Gepflogenheiten aufmerksam zu machen. Seien Sie verschlagen, also «tricky», und «bashen» Sie ihn, wo es nur geht, wegen seiner lahmen «pitchs». Werden Sie ungeduldig und verlangen Sie, er solle seine «insights» (Ansichten) doch bitte nochmal überdenken, und zwar so bald als möglich, also «asap». Zur Not setzen Sie ihm eine total taffe, oder gar eine «toughe» Deadline.

Zu diesem Verfahren sollte allerdings nur greifen, wer selbst noch halbwegs jung und von lebhaftem Naturell ist. Erfüllen Sie diese Kriterien, dann löst Ihr vitaler Redefluss bei einem Gegenüber, das das modische Vokabular nicht beherrscht, unweigerlich rhetorische Lähmungserscheinungen aus. In unseren schnelllebigen Zeiten verändern sich die Sitten nun einmal nach Maßgabe der modernen Technologien. Wer sich dieser Entwicklung verweigert, wirkt schnell lächerlich.

Diese Argumentationsstrategie selbst ist natürlich ein alter Hut. Bereits zu Ciceros Zeiten kam sie unter der Bezeichnung Argumentum ad novitatem breitenwirksam zur Anwendung. Die Konsumenten macht man spätestens seit dem Kapitalismus glauben, dass ein neues Produkt dem alten vorzuziehen sei. Gleiches gilt für die Gedanken. Das wusste schon der Revolutionär Saint-Just: «Das Glück», predigte er, «ist eine neue Idee in Europa.»

DIE ABWEHR

Wir raten unbedingt davon ab, den Anhängern des jugendlich-dynamischen Sprachduktus Respektlosigkeit vor der Schönheit der Muttersprache, Affektiertheit oder gar Unbildung vorzuwerfen. Damit «outen» Sie sich nämlich selbst als kulturkritischer, larmoyanter «Grufti». Packen Sie den Angreifer lieber bei seiner Eitelkeit, seinem Wunsch nach Individualismus. Werfen Sie ihm vor, der Mode nachzulaufen, brandmarken Sie seine Argumente als banale Werbeslogans. Wenn Sie sich also auf das «Unzeitgemäße» berufen, dann unbedingt im Sinne Nietzsches. Für ihn war Denken gegen den Zeitgeist gleichbedeutend mit eigenständigem Denken.

TRICK NR. 16

Haarspaltereien betreiben

DAS VERFAHREN

Erwecken Sie den Anschein, größere Analysefähigkeiten zu besitzen als Ihr Gegner: Treffen Sie möglichst viele Unterscheidungen und verwenden Sie Formulierungen, die Ordnung und Genauigkeit suggerieren. Zum Beispiel sagen Sie Ihrem Gesprächspartner, dass er den Anstieg der Benzinpreise zu Unrecht kritisiere, «und zwar aus drei Gründen». Dann beten Sie Ihre Argumente herunter: «Erstens bringt es dem Staat Geld ein; zweitens fördert es die Erkundung neuer Erdölvorkommen; drittens regt es die Leute dazu an, sich das Auto zu teilen, und verringert Verkehrsstaus.» Oder nehmen Sie eine Idee Ihres Gegners auf und zerlegen sie in zwei Aspekte, wie es die griechischen Philosophen mit Vorliebe taten. So ging Aristoteles gegen Speusippos an, den Neffen Platons, der behauptete, dass die Lust vom Guten zu unterscheiden sei. Aristoteles argumentierte, dass dies nur für das höchste Gute gelte, nicht aber für die einzelnen Güter wie Schönheit oder Reichtum.

Dieser Trick hat eine verführerische Wirkung auf das Publikum, denn wer ihn anwendet, hebt sich dadurch von den anderen Diskussionsteilnehmern ab. Sobald die Debatte hitzig wird und die Widerworte immer schneller aufeinander folgen, macht derjenige, der seine Argumente analysiert, den ruhigeren und besonneneren Eindruck. Er wird fast zwangsläufig für seriös gehalten. Übrigens wusste schon Aristoteles: «Streng zu unterscheiden liegt nicht in der Art der großen Masse» («Nikomachische Ethik», IV). Darum ist der Gebrauch von Differenzierungen ein Zeichen für Intelligenz.

DIE ABWEHR

Sie haben zwei Möglichkeiten: Entweder Sie werfen Ihrem Gegner seine pingelige Art vor und entlarven seine subtilen Unterscheidungen als Spitzfindigkeiten. Oder Sie setzen noch eins drauf: Berufen Sie sich auf die Methode des heiligen Ignatius von Loyola zur Unterscheidung der Geister und sagen Sie, dass die Urteilskraft zwangsläufig Ihrer Position Recht geben würde, da die Liste der Argumente, die für Sie sprechen, länger sei als die der Gegenargumente. Zum Beispiel bedeute eine Benzinpreiserhöhung: 1. eine starke finanzielle Belastung der Autofahrer; 2. einen Rückgang bei den Autoverkäufen; 3. einen Anreiz zum Benzinklau; 4. einen Vorteil für Steuerparadiese, wo Benzin viel weniger kostet. Lassen Sie also Ihrer Phantasie freien Lauf, und Sie werden merken, dass man in jeder Diskussion immer noch weitere Argumente finden kann.

TRICK NR. 17

Verlagern Sie die Debatte!

DAS VERFAHREN

Machen Sie den anderen weis, dass der Streitpunkt nicht da liegt, wo man ihn vermutet, sondern einen Schritt weiter. Wenn Sie *für* die gleichgeschlechtliche Ehe sind, so sagen Sie, dass das Problem nicht die Heirat sei, sondern die Adoption. Damit erreichen Sie stillschweigend, dass die Heirat kein wirkliches Problem darstellt. Rhetorisch geschult, sagen Sie: «Es ist nutzlos, sich beim ersten Punkt aufzuhalten, gehen wir zum wahren Problem über.» Oder Sie bemerken an passender Stelle in freundschaftlichem Ton: «Da man sich in diesem Punkt einig ist, schauen wir uns das Weitere an.» So ziehen Sie den Gegner auf Ihre Seite, lassen ihn dabei jedoch glauben, dass er seinen Status als Gegner behält. Wenn Sie nämlich zum nächsten Punkt übergehen, stellen Sie sich stur: «Also hier bin ich ganz und gar nicht mit Ihnen einverstanden.»

Vor allem ist es wichtig, die Diskussion jetzt in die Länge zu ziehen. Das Publikum wird so vergessen, dass es im vorangegangenen Punkt keinen Konsens gab. Danach ist es gleichgültig, ob die Argumente der Gegenseite an dieser Stelle besser sind als Ihre, denn Sie haben die Diskussion ja bereits im ersten Punkt gewonnen … indem Sie ihn umschifft haben. War das nicht auch Pascals Trick, als er bei seiner berühmten Wette über die Existenz Gottes sagte: «Es muss gewettet werden, das ist nicht freiwillig, ihr seid einmal im Spiel, und nicht wetten, dass Gott ist, heißt wetten, dass er nicht ist. Was wollt ihr also wählen?» («Pensées», 246)

DIE ABWEHR

Um nicht in diese Falle zu tappen, hüten Sie sich vor stillschweigendem Einvernehmen. Stoppen Sie Ihren Gegner mit einem «Moment, nicht so schnell». Als Voltaire Pascal las, fühlte er sich ganz und gar nicht mit im Spiel: «Derjenige, der zweifelt und sich aufzuklären sucht, wettet ganz sicher weder für noch gegen» («Philosophische Briefe», XXV). Oder Sie lassen Ihren Kontrahenten fortfahren mit dem festen Vorsatz, auf den Punkt zurückzukommen, den er glaubt gewonnen zu haben. Im Falle der Homo-Ehe könnten Sie etwa in die Diskussion über die Adoption einsteigen und vorbringen, man müsse auf das Problem der Heirat zurückkommen, die solche Adoptionen erst ermöglicht. So werden Sie Ihrem Gegner zu verstehen geben, dass auch in der Redekunst gilt: «Unrecht gewonnen kommt selten an die Sonnen.»

TRICK NR. 18

Sprechen Sie in Bildern!

DAS VERFAHREN

Die Debatte wird kompliziert. Ersetzen Sie die Argumente Ihres Gegenübers durch einfache Bilder und drehen Sie sie zu Ihren Gunsten: Wirft man Ihnen vor, Unmögliches zu wollen, sagen Sie, dass durch jedes Gebirge ein Weg führt. Behauptet man, Sie seien zu hart, erwidern Sie, dass die besten Möbel aus Hartholz gemacht werden. Das Bild verunsichert den Gegner, weil es ihn dazu verlockt, ein Gegenbild zu entwerfen in einem Kontext, den er nicht gewählt hat. Es ist nie leicht, eine aufgezwungene Metapher zurückzuweisen. Andererseits wird das Bild den Zuhörern gefallen, weil jeder es spontan so interpretiert, wie es ihm passt. Mit etwas Geschick kann man so der Phantasie des Publikums schmeicheln und gleichzeitig die des Gegners lähmen.

Dieser Trick hat vor allem Philosophen in Versuchung gebracht, die ihre Gegner einschüchtern wollten. Karl Marx wusste, wie er die Vorstellungskraft des entwaffneten Proletariats beeindrucken konnte: indem er aus dem Kommunismus ein «Gespenst» machte, das in Europa umgeht. Er überzeugte die Arbeiter, dass sie in der Lage seien, die Bourgeoisie zu erschrecken, wenn sie sich vereinten. Das Bild, mit dem das «Kommunistische Manifest» von 1848 beginnt, hat vielleicht mehr zur Herbeiführung der Revolution beigetragen als alle Analysen des «Kapitals». Das Gegenbild des Revolutionärs «mit Messer zwischen den Zähnen» erscheint da wie die verspätete Antwort des Kapitalismus, um mehr oder weniger erfolgreich das Schreckensbild umzupolen, das der Marxismus in die Welt gesetzt hatte ...

DIE ABWEHR

Ambivalenten Bildern muss man Begriffe entgegensetzen, die möglichst klar definiert sind: Bei der Gebirgsmetapher sollten Sie daran erinnern, dass das Unmögliche nicht nur das Unerreichbare ist, sondern auch das Widersprüchliche – wer es erzwingen will, begeht einen logischen Irrtum. Gegen das Bild vom Hartholz kann man einwenden, dass Härte oft nichts weiter als Starrheit ist – und keineswegs eine Garantie für Dauerhaftigkeit.

Sie sollten Ihrem Gegner direkt vorwerfen, dass er Bilder benutzt: Damit gesteht er entweder seine Unfähigkeit zur Abstraktion ein, oder er betreibt die sophistische «Kunst der Nachstellung», wie sie schon Platon in seinem Dialog «Der Sophist» beschrieb.

TRICK NR. 19

Einen anderen Ton anschlagen

DAS VERFAHREN

Wenn Ihr Gegner einen Witz macht, bleiben Sie ernst; wenn er ernst ist, machen Sie einen Witz. Wenn in einer Diskussion die Argumente des Widersachers besser sind als Ihre, schlagen Sie doch plötzlich einen anderen Ton an, um die Diskussionsteilnehmer auf Ihre Seite zu ziehen. Denn es geht vor allem darum, jetzt wieder auf die Beine zu kommen und aus dem Sympathievorrat des geneigten Publikums zu schöpfen. Nun kann es sein, dass Ihr Gegner ganz fest in seiner Argumentation verankert ist und, ohne es selbst zu merken, in immer ernsterem, fast ärgerlichem Ton spricht. Begegnen Sie dem mit einer lockeren Bemerkung, etwa: «Können Sie deshalb nicht mehr schlafen?» Ähnlich empfiehlt Shaftesbury im «Letter Concerning Enthusiasm», nicht Druck zu machen, sondern gerade gegen religiöse Fanatiker Witz und Humor einzusetzen.

Umgekehrt: Wenn Ihren Gegner die Spottlust packt und er alles, was Sie sagen, ins Lächerliche zieht, dann tun Sie so, als nähmen Sie daran Anstoß: «Wie können Sie sich über so etwas lustig machen?» So verfährt beispielsweise Rousseau. Entrüstet darüber, dass Voltaire das Erdbeben von Lissabon als Vorwand benutzt, um die göttliche Vorsehung zu negieren, schreibt er ihm am 18. August 1756: «Sie freuen sich, ich aber hoffe.» In beiden Fällen werden Zuhörer diese Diskrepanz umso mehr zu schätzen wissen, wenn Sie entweder ihren Verstand (mittels Humor) oder ihr Herz (durch Mitleid) ansprechen.

DIE ABWEHR

Wenn man versucht, Sie zu verunsichern, indem man an Ihrem lockeren Ton Anstoß nimmt oder aber Ihre Ernsthaftigkeit albern findet, müssen Sie versuchen, mit dem anderen wieder auf eine Ebene zu kommen, damit Sie Ihre Argumentation zu Ende bringen können. Dann wäre es das Beste, Ihr Gegenüber hinsichtlich der Form anzugreifen; indem Sie beispielsweise sagen, seine Bemerkung sei «unpassend», «geschmacklos», er sei «ganz schön unverschämt», oder im Gegenteil, dass er «überhaupt keinen Humor» habe, alles «zu tragisch» nehme und «krankhaft überempfindlich» sei.

TRICK NR. 20

Diskutieren Sie mit sich selbst!

DAS VERFAHREN

Um einem Gegner Ihre Argumentation aufzuzwingen, führen Sie statt der Diskussion einfach einen Dialog mit… sich selbst. Dazu erfinden Sie einen fiktiven Gesprächspartner, der glaubwürdig genug ist, um stichhaltige Einwände zu liefern, aber so zahnlos, dass er Ihre Argumentation nicht kaputt macht. Der Trick hier besteht darin, Fragen zu stellen, die den normalen Verlauf einer Diskussion fingieren. Ist Ihr Gegner etwa für die Legalisierung von Drogen, so kontern Sie mit dem folgenden imaginären Dialog: «Wenn Thomas de Quincey, der Autor der ‹Bekenntnisse eines englischen Opiumessers›, vor mir stünde, so würde ich ihn fragen: ‹Wäre Ihre Lust beim Opiumkonsum größer, wenn diese Droge frei verkäuflich wäre?› Er würde mir antworten: ‹Aber sie ist es ja bereits bei mindestens drei Apothekern in London.› Daraufhin ich: ‹Ach ja? Und verkaufen sie viel?› Er: ‹Immer mehr, was sie ziemlich beunruhigt.› Ich: ‹Würden Sie also sagen, dass die Leichtigkeit bei der Beschaffung die Abhängigkeit fördert?› Er: ‹Aber gewiss, wenn es nicht verboten wäre, würde Opium in England rasch den Brandy ersetzen!›» Dann wenden Sie sich an Ihren Gegner und ziehen den Schluss: «Sie sehen also, dass die Legalisierung eine Gefahr darstellt!»

Der Vorteil bei solch einem fiktiven Dialog besteht darin, dass Sie alle Argumente pro und contra in der Hand haben. Sie brauchen sie bloß in der Reihenfolge darzulegen, die Ihnen passt. Dieses Verfahren ist in der Philosophie übrigens verbreitet, seit Platon die Sophisten zu Wort kommen ließ, damit Sokrates sie der Lächerlichkeit preisgeben konnte.

DIE ABWEHR

Wenn man Ihnen das Wort entzieht und Sie zum bloßen Zuschauer degradiert, unterbrechen Sie Ihr Gegenüber und werfen Sie ihm vor, dass er sowohl die Fragen stellt als auch die Antworten darauf gibt. Tun Sie sogar so, als würden Sie sich anschicken zu gehen, weil die Diskussion zu einem Selbstgespräch geworden ist. Ein schizophrener Irrsinn! Aber Sie können Ihren Gegner auch aus der Fassung bringen, indem Sie ihn auffordern, die Rollen zu tauschen. So hatte Hiob, als Tröster zu ihm kamen, die ihm unbedingt ein Sündenbekenntnis abringen wollten, die Geistesgegenwart zu antworten: «Auch ich könnte reden wie ihr, wenn ihr an meiner Stelle wäret» (Hiob, 16,4).

TRICK NR. 21

Zeigen Sie Street Credibility!

DAS VERFAHREN

Um die Position Ihres Gegners zu schwächen, sollten Sie ihm die Rolle des weltfremden Repräsentanten der Oberschicht zuweisen. Derlei bietet sich an, wenn er die Ansicht vertritt, dass jeder arbeitende Staatsbürger, ganz gleich, wie miserabel er vergütet wird, Steuern zahlen müsse. Und sei der Beitrag zum Erhalt des Gemeinwohls auch noch so gering. Ihr wirkungsvoller Einwand könnte lauten: «Wenn ich an all die Jahre denke, während derer ich Nacht für Nacht in der Spülküche des Restaurants stand und dennoch kaum über die Runden kam, dann kann ich Ihnen nicht beipflichten.» Dieses Argumentum ad Lazarum (die nach dem Bettler in der Bibel benannte Berufung auf die Armut) macht aus Ihnen einen Redner von maximaler Street Credibility, einen Menschen, der das wahre Leben mit all seinen Härten kennt. Ihr Gesprächspartner hingegen steht nun da wie der behütete Sohn, der mit dem goldenen Löffel im Mund aufgewachsen ist.

Der revolutionäre Adelsspross Robespierre zögerte nicht, sich dieser Strategie zu bedienen: «Ich bin ein Mann des Volkes, ich war niemals etwas anderes, und ich will nichts anderes sein.» Auch der aus der Großbourgeoisie stammende Jean-Paul Sartre erkannte die Wirksamkeit des Argumentum ad Lazarum. Nur allzu gerne hätte er ein entsprechendes biographisches Fundament besessen.

DIE ABWEHR

Wenn Ihr Gesprächspartner Sie von der untersten Sprosse der sozialen Leiter attackiert, bleiben Ihnen nur Standesdünkel und Arroganz zur Verteidigung. Machen Sie ihn darauf aufmerksam, dass man ihm seine Herkunft noch deutlich anmerkt. Mit diesen Waffen hat sich einst der Großbürgersohn und Übervater der Arbeiterbewegung Karl Marx zur Wehr gesetzt. Proudhon plädierte in seiner «Philosophie des Elends» (1846) für einen politischen Anarchismus und berief sich dabei auf die bescheidenen Verhältnisse, aus denen er stammte. Für Marx zeugte die darin entworfene Theorie allenfalls vom «Elend der Philosophie» (1847). Was ihn bei Proudhon besonders anwiderte, war «das unbeholfen-widrige Gelehrtentum des Autodidakten … der nun als Parvenü der Wissenschaft mit dem, was er nicht ist und nicht hat, sich spreizen zu müssen wähnt».

TRICK NR. 22

Berufen Sie sich auf offensichtliche Tatsachen!

DAS VERFAHREN

Vermeiden Sie es, sich in Erklärungen zu verlieren: Berufen Sie sich auf Evidenz, also etymologisch auf «das, was man von selbst sieht». Beenden Sie Ihre Argumentation also mit den Worten: «Das ist doch offensichtlich!», oder werfen Sie Ihrem Gegner vor, sich in seinen Spekulationen zu verlieren, statt sich den offenkundigen Tatsachen zu beugen. Um eine Evidenz zu behaupten, verwendet man am besten eine Tautologie nach dem Muster «X = X». Wenn man etwa einen Pazifisten davon überzeugen will, dass sein Land aus humanitären Gründen in einem anderen Land militärisch eingreifen muss, könnte dieser leicht einwenden: «Gewalt ist nie eine Lösung. Krieg ist Krieg!»

Bei diesem Trick erinnert man daran, dass es unumstößliche Wahrheiten gibt. Plötzlich ist es nicht mehr nötig, etwas zu beweisen: Die nackte Realität genügt, um alles zu sagen, was zu sagen ist. Sich an die Evidenz zu halten, zeugt also von Weisheit und Aufrichtigkeit sich selbst gegenüber. Bereits Montaigne, der sehr darauf bedacht war, «das eigene Sein auf rechte Weise zu genießen», sagte: «Wenn ich tanze, tanze ich; wenn ich schlafe, schlafe ich» («Essais», III, 13). Dagegen kann man nichts mehr einwenden ...

DIE ABWEHR

Da die Evidenz ihre Kraft aus sich selbst schöpft, braucht man ihr bloß eine andere entgegenzusetzen. Dieses Verfahren kann man bei Demonstrationen beobachten, wo sich die verschiedenen Parteien mit ihren Slogans gegenüberstehen. In der Debatte über die gleichgeschlechtliche Ehe und das Adoptionsrecht für homosexuelle Paare rufen die Gegner gerne: «Alle Menschen sind Kinder von einer Frau und einem Mann!», und die Befürworter: «Liebe ist Liebe.» In Wahrheit benötigt alles Evidente Erläuterungen, weil es Voraussetzungen birgt und nicht verrät, wie wir darauf gekommen sind. Darum warf Leibniz Descartes vor, die Wahrheit bei der Evidenz einquartiert zu haben, ohne jedoch deren Adresse angegeben zu haben. Roland Barthes geißelt in den «Mythen des Alltags» jene «Denkfaulheit», die zu einem strengen moralischen Gesetz erhoben wird, wenn manche Kritiker glauben, alles erklärt zu haben, wenn sie sagen: «Racine ist Racine.» Hier offenbart sich die ganze Banalität der Evidenz.

TRICK NR. 23

Berufen Sie sich auf eine
höhere Macht!

DAS VERFAHREN

Hat Ihr Gegner einfach die besseren Argumente? Dann sollten Sie erst recht aufs hohe Ross steigen. Erklären Sie sich zum Sprachrohr einer transzendenten Macht, berufen Sie sich auf die Weisheit des Weltgeists. Etwa: «Man muss schon zu den wenigen Auserwählten gehören, um mir folgen zu können!», oder: «Die Geschichte wird mir Recht geben.» Argumentum ad superbium nennt sich diese Strategie, die Ihnen erlaubt, selbst im Fall einer Niederlage mit erhobenem Haupt von dannen zu ziehen. Zumeist allerdings können Sie damit das Gespräch noch zu Ihren Gunsten wenden, wenn alles eigentlich schon verloren scheint. Die Zuhörerschaft wird es auf jeden Fall beeindrucken, wenn Sie Ihre Position im Bewusstsein der Unanfechtbarkeit verteidigen. Und während Sie sich auf künftige Generationen und kosmische Mächte stützen, erscheint das Anliegen Ihres Widersachers mit einem Mal nur noch «menschlich-allzumenschlich», wie Nietzsche es genannt hätte. Am überzeugendsten wirken Sie, wenn Gefühl und Passion Ihre Rede begleiten. Sie sollten unbedingt einen leicht bebenden Tonfall anschlagen, so als ginge es um Leben und Tod. Bereits Kardinal Newman wusste, dass «viele bereit sind, ihr Leben für ein Dogma zu opfern, aber niemand würde ein Martyrium auf sich nehmen, um eine bloße Konklusion zu untermauern» («Grammar of Assent», 1870). Eine Offenbarungswahrheit wirkt manchmal eben überzeugender als eine logische Schlussfolgerung.

DIE ABWEHR

Wenn Ihr Gegenüber zu argumentativen Höhenflügen anhebt und beginnt, im Namen Gottes, der Natur oder der Geschichte zu sprechen, sollten Sie ihn ganz schnell wieder auf den Boden der Tatsachen holen. Weisen Sie ihn darauf hin, dass er sich einer Methode bedient, die man von Diktatoren kennt, die sich vor einem Gericht verantworten mussten. Oder noch besser: Halten Sie ihm fehlenden Realitätssinn und infantile Selbstüberschätzung vor. Es ist nämlich keine große Kunst, irgendeine höhere Instanz als Kronzeuge für seine eigene Position zu beschwören. Und wer sich in der Debatte auf für Nichtauserwählte unzugängliche Gewissheiten beruft, hat nicht etwa gewonnen, sondern die Spielregeln einfach nicht verstanden.

TRICK NR. 24

Die Beweislast trägt immer der andere

DAS VERFAHREN

Ihrer Meinung nach ist die Psychoanalyse sehr hilfreich. Wer sich auf eine Behandlung einlässt, wird glücklicher und trägt damit auch zum Wohl der Allgemeinheit bei. Ihr Gegenüber nun hält gar nichts von Freud. Egozentrik und Selbstbezogenheit seien das Einzige, was herauskommt, wenn man sich auf die Couch legt.

Verschaffen Sie sich nun einen strategischen Vorteil, indem Sie so tun, als wäre die Diskussion eine Art Gerichtsverhandlung. Bringen Sie Ihr Gegenüber in die Position des Klägers, bei dem in diesem Fall die Beweislast liegt: «Wer am Nutzen der Psychoanalyse zweifelt, ihr gar negative Effekte unterstellt, muss dies erst einmal belegen.» Ihre eigene Meinung erklären Sie damit nebenbei zur allgemein anerkannten Tatsache. Der Wahrheitsanspruch stützt sich hier schlichtweg auf die Unmöglichkeit, das Gegenteil Ihrer Behauptung zu beweisen. Der Philosoph und Mathematiker Bertrand Russell beschrieb diesen Sophismus in seinem berühmten Teekannen-Beispiel: «Wenn ich behaupten würde, dass es zwischen Erde und Mars eine Teekanne aus Porzellan gibt, welche auf einer elliptischen Bahn um die Sonne kreist», heißt es in «Is There a God?», «so würde niemand meine Behauptung widerlegen können, vorausgesetzt, ich würde vorsichtshalber hinzufügen, dass diese Kanne zu klein sei, um selbst von unseren leistungsfähigsten Teleskopen entdeckt werden zu können.»

DIE ABWEHR

Wenn jemand versucht, Ihnen die Beweislast aufzubürden, lassen Sie sich gar nicht erst darauf ein. Sagen Sie ihm, dass man es Ihnen nicht zur Aufgabe machen kann, die Nichtexistenz einer vermeintlichen Tatsache beziehungsweise die Nichtexistenz eines gesellschaftlichen Nutzens oder des moralischen Wertes der Psychoanalyse zu demonstrieren. Begnügen Sie sich mit dem Hinweis, dass die Nachteile der Freud'schen Behandlungsmethode besonders überzeugend von dem französischen Philosophen Alain angemahnt wurden. Dieser warf der Psychoanalyse in seinen «Éléments de Philosophie» (1932) vor, eine «Vergötzung des Körperlichen» zu betreiben und die Launen und Befindlichkeiten in einem bedenklichen Ausmaß mit Bedeutung aufzuladen.

TRICK NR. 25

Trennen Sie Theorie und Praxis!

DAS VERFAHREN

Ihr Gegner tritt leider sehr überzeugend auf. Unterbrechen Sie ihn mit dem Satz: «Was Sie sagen, stimmt vielleicht in der Theorie, doch in der Praxis gilt es überhaupt nicht.» Angenommen, die Debatte dreht sich darum, wieviel Zeit Kinder vor dem Fernseher verbringen sollen. Ihr Gegner hat festgestellt, dass bei mehr als vier Stunden pro Tag die Übergewichtigkeit der Kinder zunimmt, und er schlägt vor, ein System einzubauen, das das Bild bei Abwesenheit der Eltern nach einer gewissen Zeit abstellt. Erwidern Sie, dass ein solches System in der Praxis unwirksam wäre, weil es die Kinder nur vor andere Bildschirme treiben würde.

Dieser Einwand bezieht seine Stärke daraus, dass nach allgemeiner Meinung die Praxis stets mehr Gültigkeit besitzt als die Theorie. Wer sich als reiner Theoretiker präsentiert, erweckt immer den Eindruck, er sei von der Realität abgeschnitten, also unnütz, ja sogar schädlich. So attackierte 1980 Lionel Jospin, der damals am Anfang seiner politischen Karriere stand und Wirtschaftsprofessor war, den Chef der kommunistischen Partei: «Sie haben seit dreißig Jahren keinen Fuß mehr in eine Fabrik gesetzt.» Ein gewagter Vorstoß, bei dem der Professor sich praxisnäher als der Politiker geben wollte.

Obendrein hat dieser Kunstgriff einen schlechten Theoretiker aus ihm gemacht. Denn wenn sich die Theorie nicht in die Praxis übertragen lässt, hat sie ein Manko. Wie Schopenhauer in «Die Kunst, Recht zu behalten» schreibt: «Was in der Theorie richtig ist, muß auch in der Praxis zutreffen; trifft es nicht zu, so liegt ein Fehler in der Theorie, irgend etwas ist übersehn und nicht in Anschlag gebracht worden, folglich ist's auch in der Theorie falsch.»

DIE ABWEHR

Erinnern Sie daran, dass es die Theoretiker sind, die für den Fortschritt in der Geschichte sorgen. Zitieren Sie etwa das Beispiel von Thales, der in einen Brunnen fiel, weil er die Sterne betrachtete. Eine thrakische Magd machte sich lustig über seinen Sturz, doch die Menschheit verdankt Thales' Entdeckungen mehr als dem Lachen jener Magd. Oder Sie nehmen Kants Abhandlung «Über den Gemeinspruch: Das mag in der Theorie richtig sein, taugt aber nicht für die Praxis» zu Hilfe. Darin erklärt er, dass eine Kluft zwischen Theorie und Praxis allein deshalb besteht, weil es nicht genügend Theorie gibt. So könne ein Artillerist, der sich über die Lehrbücher lustig macht und beansprucht, seine Präzision beim Schießen allein durch die Praxis erlangt zu haben, dieselbe Präzision erreichen, wenn er die Theorie der Reibung und die Gesetze des Luftwiderstands kenne. Was in der Theorie richtig ist, ist es also notwendigerweise auch in der Praxis.

TRICK NR. 26

Spielen Sie den
Unverstandenen!

DAS VERFAHREN

Zu Sätzen, die Ihrem Gegenüber ganz sicher nicht gefallen werden, gehört die Bemerkung: «Ich fürchte, Sie haben mich nicht verstanden.» Damit unterstellen Sie ihm nämlich einen Mangel an Intelligenz und Aufmerksamkeit. Bei der Ausführung dieser Zermürbungstaktik gehen Sie folgendermaßen vor: Tragen Sie Ihre Ansicht vor. Hören Sie sich das Gegenargument an. Dann weisen Sie auf den Verständnisfehler hin und beziehen erneut Position. Allerdings vertreten Sie nun eine dezent abgewandelte These. Beispielsweise halten Sie Drohneneinsätze für ein angemessenes Mittel zur Terrorbekämpfung. Ihr Gegner wird vermutlich einwenden, dass der Krieg damit zur Menschenhatz ohne jede Rechtsgrundlage verkommt. Ihre Antwort sollte lauten: «Ich habe nun eben nicht behauptet, dass der Einsatz von unbemannten Kampfflugzeugen rechtlich unumstritten ist. Sondern ich halte es für legitim, dass Waffen zum Einsatz kommen, ohne dass derjenige in Lebensgefahr gerät, der die Waffe bedient.» Vergessen Sie am Ende keinesfalls den Satz: «Ich gehe nicht davon aus, dass Sie mich jemals verstehen werden.» Damit müssten Sie Ihren Widersacher eigentlich erledigt haben. Rousseau zumindest hielt große Stücke auf diese Strategie: «Ihr werdet mich niemals verstehen! Denn Ihr haltet mich für einen Wilden» («Rousseau richtet über Jean-Jacques»).

DIE ABWEHR

Wenn Ihr Gegner Sie für dumm verkaufen will, weisen Sie ihn darauf hin, dass die Ursache Ihrer Verständnisschwierigkeiten nur in der mangelhaften Klarheit seiner Ausführungen liegen kann. Und nebenbei bemerkt – Rousseau, der dafür bekannt war, den Unverstandenen zu geben, hatte, sobald es ihm passte, auch die gegenteilige Vorgehensweise im Repertoire. In seinen «Betrachtungen über die Regierung Polens» empfiehlt er: «Um die Verwirrungen und Umständlichkeiten in einem Vortrag ein wenig abzukürzen, sollte man jeden Redner auffordern, im ersten Satz sein Anliegen eindeutig zu benennen.»

TRICK NR. 27

Körpereinsatz ist gefragt

DAS VERFAHREN

Nutzen Sie die Macht der Gesten und Posen, um Ihren Worten Gewicht zu verleihen. Setzen Sie Körper und Mienenspiel im rhetorischen Zweikampf ein. Wenn etwa Ihr Gegner die Aufmerksamkeit des Publikums dauerhaft in Beschlag zu nehmen droht, treten Sie an ihn heran, so nah, dass Sie ihm die Sicht verstellen. Wenden Sie sich nun zum Publikum und rollen Sie verschwörerisch mit den Augen, ohne dass Ihr Gegner etwas davon mitbekommt. Dann drehen Sie sich brüsk wieder zu ihm um, den Arm anklagend in Richtung Zuhörerschaft ausgestreckt, und sagen in verärgertem Tonfall: «Kommen Sie bitte zum Punkt! Merken Sie nicht, dass hier alle ungeduldig werden?» Ihr Widersacher wird wahrscheinlich irritiert sein und ins Stocken geraten. Nutzen Sie die Chance, um das Wort an sich zu reißen. Denken Sie dabei unbedingt daran, die räumliche Distanz zum Beschämten wieder zu vergrößern.

Bereits Cicero hat in «De oratore» («Vom Redner») erkannt, dass Reden Silber, eine mit schwungvollen Gesten begleitete Rede hingegen Gold ist. Ein Beispiel für die Aussagekraft der Körperhaltung liefert auch der Lebensphilosoph Henri Bergson in «Das Lachen»: Nach der preußischen Niederlage bei der Schlacht von Jena-Auerstedt 1806 macht sich Königin Luise auf, um von Napoleon eine bessere Behandlung ihres Volkes zu fordern. Der französische Feldherr empfängt sie und bittet sie, Platz zu nehmen. Luise folgt dieser höflichen Aufforderung und büßt, weil sie ihr Anliegen sitzend vorträgt, an Durchsetzungsfähigkeit ein.

DIE ABWEHR

Wenn jemand versucht, Ihnen das Wort durch Gesten abzuschneiden, müssen Sie einen kühlen Kopf bewahren. Reden Sie einfach weiter. Sobald Ihr Gegner sich durch Ihre Beharrlichkeit verärgert zeigt, provozieren Sie ihn noch mehr: «Wenn Sie sich mir weiter nähern, bekomme ich Angst, dass Sie mir ins Ohr beißen, so wie es Dostojewskis Held Stawrogin in ‹Die Dämonen› beim Gouverneur getan hat.» Es wird Ihnen nicht allzu viel Mühe bereiten, Ihren Gegner aus dem Gleichgewicht zu bringen. Denn wer sich zu heftig bewegt, dem ist ohnehin schon schwindelig.

Verwenden Sie Syllogismen!

DAS VERFAHREN

Seit Aristoteles ist die logische Schlussfolgerung namens Syllogismus stets nach demselben Muster aufgebaut. Aus zwei Prämissen zieht man eine Schlussfolgerung. (1. Alle Menschen sind sterblich. 2. Sokrates ist ein Mensch. 3. Sokrates ist sterblich.) Es gibt kaum eine Argumentationsstrategie, um seinen Scharfsinn eindrucksvoller zu demonstrieren.

Nehmen wir an, Sie halten nichts davon, an karitative Einrichtungen zu spenden. Ihr Gegner wirft Ihnen vor, Sie hätten kein soziales Gewissen. Sie parieren mit den Worten: «1. Die karitativen Einrichtungen benötigen Geld, weil sie keine staatliche Unterstützung erhalten. 2. Ich zahle Steuern an den Staat, zu dessen Aufgaben unter anderem gehört, karitative Einrichtungen zu unterstützen. 3. Also: Gerade weil ich möchte, dass der Staat seinen Verpflichtungen gegenüber den Wohltätigkeitsorganisationen nachkommt, spende ich Letzteren kein Geld.» Vergessen Sie keinesfalls, das Wörtchen «also» zu betonen. Noch effektvoller ist es, wenn Sie die lateinische Entsprechung «ergo» gebrauchen. Durch den Syllogismus bringen Sie Strenge und Entschlossenheit in Ihre Rede. Philosophen bedienen sich dieser Argumentationsweise so gerne, weil damit weltbewegende Thesen in eine bündige Formel gepackt werden können. So hat etwa Michail A. Bakunin, der Cheftheoretiker des Anarchismus, seinen Atheismus durch drei kurze Sätze untermauert: «Wenn Gott existiert, ist der Mensch ein Sklave. Der Mensch kann und soll aber frei sein. Also: Gott existiert nicht.» («Gott und der Staat»)

DIE ABWEHR

Von insgesamt 256 möglichen Syllogismus-Spielarten sind bloß 24 gültig. Bei den restlichen handelt es sich um sophistische Augenwischerei. Und dazu zählt auch der Anti-Gottes-beweis Bakunins. Denn die Behauptung seiner ersten Prämisse liegt keineswegs auf der Hand. Wieso sollte die Existenz Gottes notwendig mit dem Sklavenstatus oder der Unfreiheit des Menschen einhergehen? Und selbst wenn Ihr Debattengegner mit einem gültigen Syllogismus aufwartet, dürfte das beim Publikum wenig Eindruck machen. «Auch ein guter Syllogismus», meinte 1930 der französische Schriftsteller Jean Paulhan, «konnte noch nie jemanden wirklich überzeugen.»

TRICK NR. 29

Verallgemeinern Sie Ihr Argument!

DAS VERFAHREN

Um die Möglichkeiten eines Syllogismus auszuschöpfen, braucht es nur eine kleine Portion Unaufrichtigkeit. Statt mit einer universalen Aussage zu starten (alle Menschen sind sterblich), beginnen Sie mit einer «Existenzaussage» (einige Katzen sind grau). Dann führen Sie aus: «Einige Katzen sind grau, Felix ist eine Katze, also ist Felix grau.» Da wir zu überstürzten Verallgemeinerungen neigen, wird diese Schlussfolgerung akzeptiert werden. Auf diese Weise kann man zum Beispiel Lehrern anhängen, Faulenzer zu sein: «Erinnert ihr euch an X, der immer die Arbeiten so spät korrigiert hat, oder an Y, der nie einen Streik ausgelassen hat? X und Y galten als Musterbeispiele von Lehrern. Ist das nicht der Beweis dafür, dass sich alle Lehrer um die Arbeit drücken?» Der Trick ist, mehrere Fälle zu nennen, was eine Ausdehnung auf alle Situationen zu legitimieren scheint. Aristoteles selbst erlaubte sich diese Methode: «Esel, Maultier und Pferd leben lange. Alle diese Tiere haben keine Galle. Also sind alle Tiere ohne Galle langlebig.» Ein solcher Syllogismus kann natürlich bloß hypothetisch sein, denn nur die Beobachtung aller Fälle würde es erlauben, auf ein allgemeines Gesetz zu schließen. Doch solch eine Beobachtung ist genauso unmöglich wie die Einschätzung, wie viel Lehrer wirklich arbeiten ...

DIE ABWEHR

Gegen diesen Trick empfiehlt Schopenhauer: «Die Behauptung des Gegners über ihre natürliche Grenze hinausführen», da «je allgemeiner eine Behauptung wird, desto mehreren Angriffen sie bloß steht». So erwidern Sie auf das Lehrer-Beispiel: «Na dann sagen Sie doch gleich, dass alle Beamten Faulenzer sind, inklusive die Feuerwehr, die Tag und Nacht für Sie im Einsatz ist!» Dann finden Sie ein Gegenbeispiel: «Wenn Sie recht haben, wie erklärt es sich, dass sich Schüler über den Arbeitsrhythmus von Z beschwert haben, einem Kollegen von X und Y, der ihnen die korrigierten Arbeiten immer am nächsten Tag zurückgab? Verschonen Sie uns also mit Ihren Verallgemeinerungen!»

Doppelte Verneinungen

DAS VERFAHREN

Ein gutes Mittel, um Ihren Gegner zu verwirren, ist es, Ihre Aussagen in doppelte Verneinungen zu verpacken: «Nicht, dass Sie nicht vernachlässigt hätten, dass … » (was bedeutet: Sie vernachlässigen, dass …), oder: «Ich kenne niemanden, der das, was Sie sagen, nicht bestreiten würde» (was heißt: Alle sind anderer Meinung als Sie). Dieses Verfahren wird besonders von Leuten geschätzt, die Prüfungen oder Bewerbungstests konzipieren, um Kandidaten in die Falle zu locken. Zum Beispiel bei der Führerscheinprüfung («Ist es nicht verboten, hier zu parken?»), aber auch im Kommentar eines philosophischen Textes (Descartes schreibt, die erste Regel, um die Wahrheit zu erkennen, sei, «niemals eine Sache als wahr anzunehmen, die ich nicht als solche sicher und einleuchtend erkennen würde»). Im Mündlichen ist dieser Trick noch perfider. Die Raffinesse besteht darin, dass Sie Ihren Gegner dazu zwingen, Zeit mit der Interpretation Ihrer Aussagen zu verlieren. So schaffen Sie die Voraussetzungen, um ihm mangelnde Auffassungsgabe vorwerfen zu können. Sie sollten also sein Zögern ausnutzen, um die Diskussion zu beenden: «Ich sehe, dass meine These zu subtil für Sie ist», oder: «Ihr Schweigen zeigt, dass Sie dem Thema nicht gewachsen sind, belassen wir es dabei!»

DIE ABWEHR

Wenn Ihr Gegner eine doppelte Verneinung benutzt, übersetzen Sie sie sofort in eine Aussage zurück, die Zweideutigkeiten ausräumt. Zögern Sie nicht, ihm das Wort abzuschneiden: «Sie meinen …?» Oder fordern Sie von Ihrem Gegner mehr Klarheit: «Nennen Sie die Dinge beim Namen!» Im Allgemeinen ist der Gebrauch der doppelten Verneinung ein Erbe aus dem Latein (was erklärt, warum sie so oft bei Descartes auftaucht). Werfen Sie Ihrem Gesprächspartner also vor, eine archaische Redeweise zu verwenden: «Ihre These ist umso unglaubwürdiger, als Sie sie in einer Sprache vortragen, die niemand mehr spricht!»

TRICK NR. 31

Angstmacherei

DAS VERFAHREN

Weil nur große Geister eine These verstehen können, muss man sie Kleingeistern aufzwingen, indem man sie erschreckt. Am Ende der «Politeia» entschließt sich Platon, seinen Lesern Furcht einzuflößen, um sie von seinem Modell eines idealen Staates zu überzeugen. Er erzählt einen Mythos über das Schicksal der Seelen: Diejenigen, die Herrschaft ausüben wollen, ohne Philosophen zu sein, würden ein tragisches Schicksal erleiden, nämlich einen gewaltsamen und vorzeitigen Tod. Diese Geschichte dient eigentlich als Argumentationshilfe für das Höhlengleichnis. Denn dort vertritt Platon die Meinung, dass in der Zukunft ein von der Wahrheit erleuchteter Philosoph den Staat führen solle, dass aber das auf seinen Ansichten beharrende Volk ihn werde töten wollen. Die Angst hilft hier also der Vernunft nach, um den künftigen Philosophenherrscher zu schützen.

Ähnlich gebrauchen heute die meisten ökologischen Argumentationen die Angst als Hilfsmittel der Vernunft. Zum Beispiel prophezeit Ron Bowmans Dokumentarfilm «Sechs Grad bis zur Klimakatastrophe» das Aussterben aller Arten, wenn sich die Erde um 6° C erwärmt. Schon Platon wusste: Um die Masse zu erreichen, ist nichts effektiver, als die Phantasie mit einem Katastrophenszenario zu beeindrucken.

DIE ABWEHR

Wenn man versucht, jemandem Angst zu machen, um ihn zur Zustimmung zu bewegen, unterschätzt man implizit sein Denkvermögen. Man sollte also sichergehen, dass die Furcht, die man erzeugt, nicht dazu dient, ein Manko der Argumentation zu kaschieren. Hannah Arendt zufolge ist dies in der «Politeia» tatsächlich der Fall: Platon offenbart sich hier weniger als Philosoph denn als Sophist, da er einen furchteinflößenden Mythos benutzt, um seinen idealen Staat zu pushen. Im Gegensatz dazu gewinnt man nach der Lektüre von Mark Lynas' Buch «Six Degrees», das auf über 300 wissenschaftlichen Arbeiten fußt, den Eindruck, dass Bowmans Film keineswegs mit unbegründeten Ängsten spielt…

TRICK NR. 32

Positive Gemeinplätze verwenden

DAS VERFAHREN

Kann man eine Diskussion gewinnen, indem man mit Gemeinplätzen um sich wirft? Ja, vor allem politische Diskussionen. In Debatten bezeichnen sich Politiker gern als «entschlossen», mit der Absicht, eine «zukunftsweisende Politik» zu realisieren oder ein «pädagogisches Erfolgskonzept» umzusetzen. Warum funktioniert dieser billige Trick? Einerseits bestärkt man damit die allgemeine Meinung und gibt so den Zuhörern Sicherheit. Um in der Politik zu überzeugen, muss man, wie bereits Aristoteles in seiner «Rhetorik» schrieb, seine Rede allgemein anerkannten Ideen anpassen. Andererseits verleiht der Rückgriff auf positive Gemeinplätze den Anschein von Besonnenheit. Das Engagement für konkrete gewagte Aktionen kann lediglich eine Minderheit begeistern und kein allgemeines Vertrauen stiften. Außerdem geht man mit Versprechungen das Risiko ein, massiv zu enttäuschen. Um ein Maximum an Individuen zu verführen, lohnt es sich also, der allgemeinen Meinung zu folgen und zu sagen, man sei «für den Frieden», «für bürgerschaftliches Engagement», «für eine stabile Entwicklung», auch auf die Gefahr hin, Banalitäten herunterzuleiern. Kurzum, es gibt Situationen, in denen es gut ist, das Wort zu ergreifen … um nichts zu sagen.

DIE ABWEHR

Zeigen Sie, dass das, was Ihr Gegner verkündet, keinerlei Informationswert hat. Fragen Sie ihn, ob er auch das Gegenteil von dem, was er behauptet, sagen könnte. Wenn er dazu offensichtlich nicht in der Lage ist, heißt es, dass das, was er sagt, bedeutungslos ist. Wer würde sich wohl als «zögerlich» statt als «entschlossen» bezeichnen, wenn er überzeugen will, oder als Vorkämpfer für ein «programmatisches pädagogisches Versagen»? Aber da Ihr Gegner bloß Banalitäten von sich gibt, ist es noch besser, ihm das Wort abzuschneiden und jenes berühmte Beispiel für einen bedeutungslosen Satz anzuführen: «Wie schon der Geograph André Siegfried [1875–1959] werden Sie uns sicher gleich sagen, dass ‹England eine Insel ist, die von allen Seiten von Wasser umgeben ist›!»

TRICK NR. 33

Die Aufrichtigkeit anzweifeln

DAS VERFAHREN

Ein guter Trick, um in einer Diskussion zu gewinnen, ist, die Aufrichtigkeit Ihres Gesprächspartners anzuzweifeln. Wenn Ihr Gegner beispielsweise ein Wahlkampfversprechen macht und die Absicht verkündet, die Gehälter im öffentlichen Dienst stark anzuheben, können Sie leicht zeigen, dass er selbst nicht glaubt, was er behauptet. Fragen Sie ihn, ob er die damit einhergehenden Steuererhöhungen tatsächlich für vertretbar hält. Egal, wie selbstsicher er sich bei seiner Antwort gibt, erwidern Sie: «Sie glauben ja selber nicht, was Sie da sagen.» Dann argumentieren Sie weiter mit einem Satz nach dem Muster: «Sie wissen doch eigentlich sehr gut, dass ...» Oder: «Ich bin überzeugt, dass Sie nach Ihrem besten Wissen und Gewissen ...» Der Trick besteht hier darin, einen künstlichen Gegensatz zwischen den Worten des Gegners und seinen Absichten aufzubauen und ihn gegen seinen Willen als Heuchler dastehen zu lassen. Wenn er seine Aufrichtigkeit beteuert und behauptet, dass er zu allem stehe, was er sagt, machen Sie weiter: «Ich glaube kein Wort ...» Oder: «Nun mal langsam. Überlegen Sie doch mal, was Ihre wirkliche Motivation ist ...» Wenn Ihr Gegner nicht nachgibt, riskieren Sie notfalls den Satz: «Wissen Sie, es ist ja gar keine Schande, sich zu widersprechen.» Dem Verdacht auf Unaufrichtigkeit fügen Sie so den Verdacht auf Feigheit hinzu.

DIE ABWEHR

Dieses Vorgehen zielt darauf ab, Sie gegen sich selbst auszuspielen. Daher: Weigern Sie sich, mit jemandem zu diskutieren, der Ihre Argumente für unaufrichtig hält. Es ist nicht ratsam, Aufrichtigkeit zu beteuern: Da sich diese nicht beweisen lässt, laufen Sie Gefahr, sich in eine schwache Position hineinzumanövrieren. Den Trick gegen Ihren Gegner selbst anzuwenden, ist aber riskant. Denn das gibt ihm Gelegenheit, die Debatte zu beenden, indem er behauptet, Sie unterstellten ihm Scheinheiligkeit und hielten ihn für der Diskussion nicht würdig. Hier gilt es, sich folgende Weisheit als Erster zu eigen zu machen: «Beim Fechten gibt es keinen Hinterhalt, sobald man im Vorteil ist.»

Machen Sie Komplimente!

DAS VERFAHREN

Sie treffen auf einen anstrengenden Gesprächspartner, dem Sie nicht allzu viel Zeit widmen möchten? Dennoch ist Ihnen unbedingt daran gelegen, als Sieger aus der Debatte hervorzugehen? Umgarnen Sie den Gegner, schmeicheln Sie ihm, blicken Sie zu ihm auf! Denn von Eitelkeit ist niemand frei, und wer sich gebauchpinselt fühlt, dem fallen die Waffen besonders schnell aus der Hand.

Ihr Widersacher redet also wie erwartet rechthaberisch drauflos. Unterbrechen Sie ihn an beliebiger Stelle mit den Worten: «Brillante Idee, wäre ich nie drauf gekommen!» Anschließend sollten Sie ein wenig bedauernd zu bedenken geben: «Allerdings fürchte ich, die Menschheit ist noch nicht so weit, Sie zu verstehen.» Jetzt dürfen Sie von der Defensive zum Angriff übergehen: «Ihre Worte sind sehr erhellend, doch vorläufig möchte ich aus Vernunftgründen an meiner Ausgangsposition festhalten.» Schließlich holen Sie sanft zum Todesstoß aus: «Es wäre Ihrer Intelligenz unwürdig, mir in diesem Punkt nicht zuzustimmen.» Zuckt er noch, stechen Sie ein zweites Mal beherzter zu: «Ein erfahrener Mann wie Sie kann meine Meinung nur teilen.»

Der besondere Lustgewinn dieser Taktik liegt darin, dass sich Ihr Gegner umso überlegener fühlt, je auswegloser seine Situation wird. Ihr Triumph ist vollkommen, wenn er nach einem gönnerhaften Händedruck mit stolzgeschwellter Brust von dannen zieht. Bereits Baltasar Gracián hat jenen Menschentypus beschrieben, der die albernste Schmeichelei für bare Münze nimmt. Er verachtete derlei. Doch als guter Jesuit wusste Gracián, wie man sich diesen Charakterzug zunutze macht.

DIE ABWEHR

Wer Sie so hinterhältig attackiert, hat die Waffe der Bescheidenheit verdient. Entgegnen Sie dem Schleimer: «Das klingt sehr liebenswürdig, aber Sie überschätzen mich.» Oder signalisieren Sie gleich, dass Sie die Taktik durchschaut haben: «Es wäre pure Eitelkeit von mir, wenn ich Ihnen diese Komplimente abnähme.» Wenn die Schmeicheleien einfach nicht enden wollen, berufen Sie sich ebenfalls auf die Weltklugheit Graciáns, der wusste: Wer falsches Lob ausspricht, macht sich nicht selten ebenso lächerlich wie jener, der es ihm abkauft.

Gegenmeinung aneignen

DAS VERFAHREN

Um eine These Ihres Gegners zu untergraben, behaupten Sie, Sie hätten früher auch daran geglaubt, bevor Sie feststellen mussten, dass es sich lediglich um ein Vorurteil handelte. Sagen Sie: «Genau wie Sie glaubte ich, der Staat müsse intervenieren, um uns vor ausländischen multinationalen Konzernen zu schützen, die Arbeitsplätze vernichten. Doch nachdem ich David Ricardos Buch ‹Über die Grundsätze der politischen Ökonomie und der Besteuerung› gelesen habe, bin ich zu der Überzeugung gelangt, dass Wirtschaftspatriotismus eine Art überholter Nationalismus ist.» Sie geben Ihrem Gegner das Gefühl, dass seine Meinung durchaus respektabel ist, da Sie sie selbst einmal geteilt haben. Doch Sie werfen ihm auch vor, sie zur unabänderlichen Wahrheit erhoben zu haben. Der Trick besteht hier einerseits darin, seine Meinung als etwas noch nicht zu Ende Gedachtes darzustellen, andererseits darin, mehr Offenheit gegenüber den Ideen der anderen zu zeigen. So hat es etwa Kant gemacht, der jahrelang Leibniz' Philosophie unterrichtete, bevor die Lektüre von Hume seinen «dogmatischen Schlummer unterbrach», wie er 1783 schrieb.

DIE ABWEHR

Wenn man Ihre Meinung auf ein Vorurteil reduziert und behauptet, weitergedacht zu haben als Sie, fragen Sie, ob nicht auch die neue These Ihres Gegners bald überholt sein wird. Mit anderen Worten: Wenn Ihr Gesprächspartner Ihnen vorwirft, dem Dogmatismus verfallen zu sein, erwidern Sie, dass er dem Relativismus aufgesessen ist. Erinnern Sie ihn daran, dass das, was er Dogmatismus nennt, einer inneren Überzeugung entspringt. Wirtschaftspatriotismus muss als Position nicht notwendigerweise antiliberal sein. Robert Nozick, ein überzeugter libertaristischer Philosoph, räumte selbst ein, dass eine sogenannte «restriktive Klausel» durchaus ihre Berechtigung hat, derzufolge es aus offensichtlichen Gründen der Gerechtigkeit ausgeschlossen ist, dass «sich jemand das gesamte Trinkwasservorkommen der Welt aneignet» («Anarchie, Staat, Utopia»).

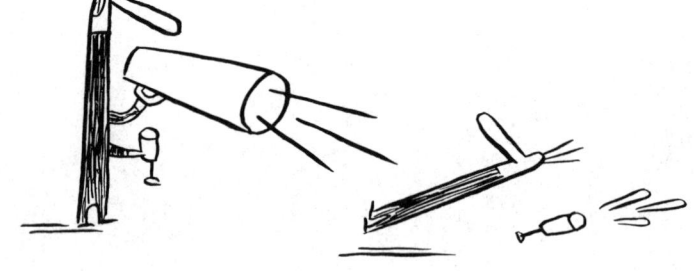

NACHWORT

«Die Rede ist eine große Gebieterin», sagt der Sophist Gorgias in seiner «Lobrede auf Helena». In der Tat könnte man die gesamte Geschichte der menschlichen Herrschaftsverhältnisse als eine Beherrschung durch das Wort verstehen, beginnend bei Odysseus, der den Zyklopen hinters Licht führte, indem er sich ihm mit falschem Namen vorstellte, bis hin zu den ausgeklügelten Werbeslogans, von denen der Soziologe Jean Baudrillard in seinem Buch «Die Konsumgesellschaft» gezeigt hat, wie sie uns zu zwanghaften Käufern machen. Ob im Parlament, in der Firma, beim Arzt, im Café, am Wohnzimmertisch oder im Schlafzimmer, egal, an welchem Ort wir unsere Meinung kundtun – sobald Uneinigkeit entsteht, gewinnt doch immer derjenige, der die anderen am geschicktesten mit Worten zu manipulieren weiß.

Die Philosophen der Antike erkannten sehr schnell, dass die Sprache demjenigen absolute Macht verleiht, der sie für seine eigenen Interessen zu benutzen weiß, und so versuchten sie, Regeln für ihren Gebrauch aufzustellen. Ihnen war vor allem wichtig, dass die Suche nach der Wahrheit nicht durch Reden korrumpiert wird, die philosophisch falsch sind, aber so gut formuliert, dass sie bei den Massen Begeisterung hervorrufen und schließlich dem besten Redner den größten Ruhm einbringen. Als erster Autor einer Abhandlung über Rhetorik steht Aristoteles am Beginn einer langen Reihe von Schriften, die alle das Ziel haben, die verschiedenen Arten von Argumenten zu klassifizieren und zu bewerten, wie sie sich in jeder Sprache finden. Demosthenes, Cicero, Quintilian, Erasmus von Rotterdam, Baltasar Gracián und viele andere haben sich auf diese Weise um die Theorie und Praxis der Redekunst sehr ver-

dient gemacht. Doch trotz dieser jahrhundertelangen Erkennt-
nisbemühungen scheint der sophistische Erfindungsreichtum
unerschöpflich zu sein. Immer wieder lassen sich neue rhetorische Tricks entdecken, die allzu unerfahrene Gemüter mitrei-
ßen und zur Zustimmung verleiten können.

Unter den zahlreichen Werken, welche die Geschichte der
Rhetorik säumen, gibt es eines, das besondere Aufmerksamkeit verdient. Denn es begnügt sich nicht wie die meisten anderen damit, sophistische, d. h. trügerische Argumente zu klassifizieren: Es ermuntert uns vielmehr dazu, sie zu benutzen!
Dabei handelt es sich um «Die Kunst, Recht zu behalten», die
der Philosoph Arthur Schopenhauer zwischen 1830 und 1831
schrieb (die jedoch erst 1864, vier Jahre nach seinem Tod, veröffentlicht wurde): ein Buch, das in seiner Absicht problema-
tisch ist, wenn es eine solche denn gibt. Denn wie kann ein
Philosoph, der dieses Namens würdig ist, ohne das seiner Dis-
ziplin aufgegebene Streben nach Wahrheit zu verraten, uns
dazu auffordern, die hinterhältigsten Tricks zu benutzen, um
eine Diskussion zu gewinnen – koste es, was es wolle, und auch
auf die Gefahr hin, gefährliche Sophisten aus uns zu machen?
Das Buch stellt insgesamt 38 solcher Tricks vor und empfiehlt
zum Schluss sogar, ruhig auch Beschimpfungen und Beleidigungen einzusetzen. Handelt es sich hier um das Eingeständnis
eines philosophischen Scheiterns bei einem Denker, der für
seinen extremen Pessimismus bekannt ist?

Doch die Ernsthaftigkeit, mit der Schopenhauer zu Beginn
seines Werks die «eristische Dialektik», d.h. das Streitgespräch als Genre vorstellt (griech. «eris» bedeutet auf Deutsch
«Streit»), hinterlässt den Eindruck, dass seine Intention durch
und durch wissenschaftlich ist. Die anthropologischen Gründe, die er vorbringt, um unseren Hang zum Streit zu erklären,

untermauern dies: Die «Eitelkeit» der Menschen, ihre «Geschwätzigkeit», ihre «angeborne Unredlichkeit» und die «natürliche Schlechtigkeit des menschlichen Geschlechts» könnten der Grund für unser Bedürfnis sein, immer Recht zu haben, auch wenn die Wahrheit dabei auf der Strecke bleibt. Wahrscheinlich wollte uns Schopenhauer also mit seiner Aufforderung, alle zur Verfügung stehenden Mittel einzusetzen, um eine Diskussion zu gewinnen, nicht anstiften, sondern vielmehr vorwarnen. Demnach hätte sein Werk keine andere Absicht, als die Tricks der Redner mit teuflischer Ironie nachzuahmen und uns so dafür zu sensibilisieren, damit wir sie besser bekämpfen können.

Mein Buch «Die Kunst, *immer* Recht zu behalten» geht von folgender Annahme aus: Man ist ein besserer Philosoph, wenn man die rhetorischen Tricks kennt, mit denen uns unsere Gegner zu Fall bringen wollen. Und um sie gut zu kennen, ist es sinnvoll, sie auch anwenden zu können. Doch wenn man sie anwendet, muss man sich selbstverständlich in Acht nehmen, ihrer verführerischen Macht nicht zu erliegen. Denn zu lernen, wie man andere an der Nase herumführt, kann zu einer sehr vergnüglichen Übung werden. Erstens weil man immer Triumph empfindet, wenn man feststellt, dass ein Trick funktioniert und man mit seiner Hilfe einen zähen Gegner besiegen kann. Wie schon Aristoteles in seiner «Rhetorik» bemerkte: «Wo Wettstreit ist, da ist auch Sieg. Aus diesem Grund ist sowohl das Prozessieren als auch das Disputieren angenehm für die, die es gewohnt sind und darin Könnerschaft besitzen.» Zweitens weil der Rhetorikgeschulte durch seinen Erfolg in der Streitkunst an Selbstbewusstsein gewinnt; er glaubt, er sei schlauer als die anderen, und kommt sich ein bisschen wie der listenreiche Odysseus vor, über den Nietzsche in seinem Buch

«Morgenröthe» sagt, dass die Griechen an ihm zu Recht «die Fähigkeit zur Lüge und zur listigen und furchtbaren Wiedervergeltung» bewunderten.

Darin besteht nun die Falle, die die Sophistik, das trügerische Argumentieren, denen stellt, die sich allzu gern einen Spaß daraus machen, sie zu benutzen: Der systematische Gebrauch von rhetorischen Tricks fördert eine berechnende Vernunft in uns; mit der Zeit besteht die Gefahr, dass diese zum Selbstzweck wird und wir jegliche ethische Rücksicht darauf vergessen, was unsere Rede eigentlich bezwecken soll. Zwar war es genau diese Vergessenheit, die Nietzsche an den Griechen schätzte: Die Tatsache, dass Odysseus seine Listen «nicht sittlich angerechnet» wurden, erlaubte es ihnen, in ihm ein erstes Vorbild des «Übermenschen» zu sehen. Doch dieses Lob auf die Macht der Manipulation darf nicht verschleiern, welch entsetzliche Auswirkungen der systematische Gebrauch sophistischer Argumente mit sich bringt. Sie spalten die Gesellschaft nicht nur in Betrüger und Betrogene, nein, sie halten auch den Redner selbst zum Narren, weil er sich an seiner eigenen Redegewandtheit berauscht, je mehr er deren fesselnde Wirkung auf andere bemerkt. Beherrscht man die Kunst der Überlistung schließlich meisterhaft, ist es schwer, der Versuchung zu widerstehen, diesen oder jenen Trick anzuwenden, von dem man aus eigener Erfahrung weiß, dass er ungeheuer schlagkräftig ist. So merkte Machiavelli in «Der Fürst» an, dass Papst Alexander VI. «gar nichts anderes tat als betrügen», weil die Lüge, die er aus Gewohnheit gebrauchte, in seinen Augen das bequemste Mittel war, um all seine Unternehmungen zum Erfolg zu führen.

Doch nehmen wir einmal an, unsere erste Interpretation von Schopenhauers «Die Kunst, Recht zu behalten» träfe die

Intention des Werks und es wäre tatsächlich Schopenhauers Absicht gewesen, seinem Leser beizubringen, ein Verführer zu werden. War er nicht selbst dazu ausersehen, einer zu werden? Sein Vater Heinrich Schopenhauer, ein reicher Kaufmann in Danzig, hatte den Sohn zu seinem Nachfolger bestimmt, und auch wenn dieser die ungeliebte Kaufmannslehre abbrach, war er von der Geisteshaltung dieses Berufs doch so sehr beeinflusst, dass er das kaufmännische Vokabular in seiner Philosophie verwendete. So bringt er etwa all seinen Pessimismus auf die Formel, dass «das Leben ein Geschäft [sei], das nicht die Kosten deckt». Könnte es also sein, dass unser Autor selbst sich der Macht der Verführung nicht entziehen konnte, die beim Feilschen um Argumente mit der Manipulation der Worte einhergeht? Schopenhauer als Opfer seines eigenen Projekts? Warum nicht? Doch wenn dies so wäre und der Fall verallgemeinerbar, anders gesagt: wenn die Rhetorik so gefährlich wäre, dass sie diejenigen in die Falle lockt, die sie missbrauchen wollen, dann befinde ich mich in einer ziemlichen Zwickmühle. Denn meine neue «Kunst, Recht zu behalten» würde zu Recht das allergrößte Misstrauen erwecken. Ist es nicht in der Tat widersprüchlich, rhetorische Tricks anzuprangern, die der Täuschung dienen, und zugleich neue Tricks vorzustellen?

Da ich mich gegen solche Einwände wappnen will und außerdem die Widersprüchlichkeit ausräumen möchte, die in der tieferen Absicht von Schopenhauers Buch liegt, lasse ich auf jeden der Kunstgriffe, die ich dem Leser vorstelle, eine Strategie zur «Abwehr» folgen. Für alle, die ernsthaft Philosophie betreiben möchten, kommt es letztlich auf die Beherrschung dieser Abwehrstrategien an. Denn durch sie erlangt der engagierte Dialog seine Aufgabe, der Wahrheit zu dienen, zurück. **153**

Dieses Büchlein hat also nicht die Intention, Instrumente zu liefern, um andere hinters Licht zu führen. Sondern es will im Gegenteil mit Hilfe der Sprache jene entwaffnen, die glauben, einen Kontrahenten überlisten zu können, obwohl sie wissen, dass sie Unrecht haben.

Anders als die meisten Rhetorik-Lehrbücher stelle ich die rhetorischen Tricks nicht in einer vorgeblich rationalen Reihenfolge dar. So wie sich der Philosoph Paul Ricœur in «Kritik und Glaube» fasziniert von der Vielgestalt des Bösen zeigt und überzeugt ist, dass diese Figuren «kein System» bilden, so glaube auch ich nicht, dass die rhetorischen Fallen in einer deduktiven Auflistung dargestellt werden können. Man kann zwar beispielsweise beobachten, dass ein Kunstgriff häufig eine spiegelbildliche Entsprechung besitzt. So ruft die Quassel-Strategie (Trick 14) die Schweige-Strategie (Trick 5) auf den Plan; das Argument, dass die Reichen stets Recht haben (Trick 11), kann dem Argument gegenübergestellt werden, dass der kleine Mann das Recht immer auf seiner Seite hat (Trick 21), und so weiter. Doch es gibt auch Verfahren, die isoliert für sich stehen oder zumindest schwer zu klassifizieren sind, wie der Kunstgriff, seine Körpersprache einzusetzen (Trick 27) oder den Tonfall zu wechseln (Trick 19).

Die Unmöglichkeit, gewisse Tricks auf bekanntere rhetorische Figuren zu reduzieren, zeigt, dass es auf dem Gebiet der Rhetorik einen sich ständig erneuernden Einfallsreichtum gibt. Beinahe zweihundert Jahre nach Schopenhauer eine neue «Kunst, Recht zu behalten» zu schreiben, findet hier eine weitere mögliche Berechtigung: Der technische Fortschritt, die Entwicklung der Humanwissenschaften, der Sittenwandel, all das sind Faktoren, die neue Strategien hervorbringen konnten, so dass ein Autor des 19. Jahrhunderts diese kaum vorhersehen und erst recht nicht anprangern konnte. Das ist zum Beispiel der Fall bei dem rhetorischen Trick, sich auf Statistiken zu berufen (Nr. 7) – eine List, welche die «Experten» ständig gebrauchen, von denen es in den Fernsehnachrichten heute nur so wimmelt. Oder auch bei dem Trick, das Vokabular der sozialen Netzwerke zu übernehmen, um die Argumente seines Gegners altbacken aussehen zu lassen (Nr. 15). Eine erschöpfende Auflistung aller Tricks der Redekunst scheint uns daher unmöglich zu sein. Auf der anderen Seite verschwinden manche Kunstgriffe mit den Jahren, weil sich die Glaubensgewohnheiten verändern: Sich auf die Bibel als Autorität zu berufen, um ein Streitgespräch zu gewinnen, ist in einer weitgehend säkularisierten Gesellschaft wenig effektiv. Und auch wenn es hier und da Phänomene der Wiederbelebung gibt, so kann man behaupten, dass sich der Darwinismus auch auf die Rhetorik anwenden lässt: Die Argumente, die sich am besten an die Mentalität einer bestimmten Epoche angepasst haben, gewinnen in der Regel in einer Diskussion. Die Redekunst folgt den Sitten – sie bringt sie nicht hervor. Ob Philosoph oder Schönredner, jeder ist, wie Hegel in der Vorrede zu den «Grundlinien der Philosophie des Rechts» sagte: «ein Sohn seiner Zeit».

Man kann nie wissen, was morgen gefällt. Aber man kann darauf wetten, dass der demagogische Politiker, der ausbeuterische Chef oder der untreue Ehemann immer genügend Phantasie haben werden, um aus dem Zeitgeist etwas herauszufiltern, womit sich neue sophistische Tricks erfinden lassen, damit sie ihre Macht und Herrschaft festigen können. Der Anspruch meines Buchs muss deshalb nach unten korrigiert werden: Den Bürger mit dem Politiker versöhnen zu wollen, den Angestellten mit dem Chef, die Frau mit ihrem Mann, indem man jeden dazu anhält, in Konflikten die Sprache der Wahrheit **155** zu benutzen, ist zweifellos eine Utopie. Warum auch sollte jeder Dialog vom Streben nach Wahrheit bestimmt sein?

Zunächst einmal kann man mit einiger Berechtigung annehmen, dass ein solcher Anspruch gefährlich wäre. Als der Philosoph Michel Foucault 1984 bei seiner letzten Vorlesung am Collège de France die antike Figur des Parrhesiastes untersuchte, also desjenigen, der «den Mut» hat, «die Wahrheit zu sprechen», legte er nahe, dass das Reden in aller Offenheit häufig wenig bringt, wenn man sich dabei an den Inhaber der Macht wendet. Platon hat damit schmerzliche Erfahrungen machen müssen: Wie er selbst in seinem «Siebten Brief» gesteht, wollte er den Tyrannen Dionysios II. «Sehnsucht nach einem philosophischen Leben empfinden» lassen und ihn dafür gewinnen, die Verfassung des von ihm konzipierten idealen Staates einzuführen. Doch er fiel bei dem Philosophie-Lehrling in Ungnade und musste aus Syrakus fliehen, um dem Gefängnis zu entgehen. Vielleicht hätte er sich besser das Vorgehen des Dichters Simonides von Keos zu eigen gemacht, der Xenophon zufolge den Tyrannen Hieron zunächst umschmeichelte, um ihm anschließend seine Ideen zu politischen Reformen darzulegen.

Zudem ist es keineswegs sicher, dass der Mensch die Wahrheit der Illusion unbedingt vorzieht, denn die nackte Wahrheit ist oft allzu schmerzlich zu hören. Es ist eine altbekannte anthropologische Tatsache: Die Menschen sind damit zufrieden, in einer Welt zu leben, in der man sich aufgrund einer stillschweigenden Vereinbarung verstellt und gegenseitig belügt, um den jeweils anderen seine Armseligkeit vergessen zu lassen. «Wir hassen die Wahrheit, man belügt uns, wir wollen geschmeichelt sein, man schmeichelt uns; wir lieben es, getäuscht zu werden, man täuscht uns», stellte schon Pascal in seinen «Pensées» bitter fest. Die Forderung, im Namen eines Ideals von Wahrheit und Moral keine Rhetorik mehr zu praktizieren, wäre somit nicht nur zum Scheitern verurteilt, sondern verstieße auch gegen den gesunden Menschenverstand. Denn die Verführung ist eine der Funktionen von Sprache, vielleicht sogar ihre ursprüngliche. Dies mutmaßte zumindest Rousseau in seinem «Versuch über den Ursprung der Sprachen»: Ihm zufolge waren «die ersten Sprachen singend und leidenschaftlich, bevor sie einfach und methodisch wurden».

Wir können auf die Rhetorik nicht verzichten, denn ihre Muse Polyhymnia (etymologisch: «die Hymnenreiche») mit ihrem weißen Kleid und ihrem Blumenkranz ist in jedem Falle wunderschön anzuschauen und angenehm zu hören. Doch ohne Urteilsvermögen wüsste man mit ihren Einflüsterungen nicht allzu viel anzufangen. Zwar gibt es Situationen, in denen sie wertvolle Ratschläge geben kann, zum Beispiel in der Liebe. «Spielen den Liebenden musst du, im Wort darlegen die Wunden; / So erstreben für dich Glauben auf jeglichem Weg», empfiehlt Ovid seinen Schülern in der «Liebeskunst». Doch das Verführungsspiel in der Liebe beruht auf Gegenseitigkeit, und wer dabei den Versuchungen des anderen erliegt, wird letztlich von nichts anderem besiegt als von seinem eigenen Begehren. Anders sieht es aus bei Wortgefechten, die im Gerichtssaal über das Schicksal eines Menschen entscheiden oder im Parlament über das eines ganzen Landes. In diesen Situationen dürfen rhetorische Argumente nicht allzu lang toleriert werden, da sich hinter ihnen fast immer eine reale Gefahr für denjenigen verbirgt, der zu den wahren Tatsachen durchdringen oder im Interesse des Gemeinwohls handeln will. Hier ist es gut, mit Platons «Symposion» daran zu erinnern, dass man die irdische Liebe der Polyhymnia «da, wo man sie anwendet, mit Vorsicht anwenden muss, damit der Hörer die Lust von ihr genieße, ohne dass sie Zügellosigkeit in ihm hervorbringt».

Mein Buch möchte jedoch über die eigentlich recht banale Feststellung hinausgehen, dass es einen guten und einen schlechten Gebrauch der Rhetorik gibt. Denn, wie schon erwähnt, meine «Kunst, *immer* Recht zu behalten» hat nicht nur zum Ziel, die Tricks der modernen Sophisten aufzuzeigen, sondern auch, sie mittels leicht anzueignender Strategien für Gegenattacken zu durchkreuzen. In diesem Sinne möchte mein kleines Handbuch gern dazu beitragen, einfachen Bürgern oder Angestellten nützliche Waffen an die Hand zu geben, wenn sie in sophistische Debatten hineingezogen werden. Denn sobald die Tricks von Politikern oder anderen Entscheidungsträgern erst einmal aufgedeckt und öffentlich bloßgestellt werden, wird es für diese immer schwieriger, uns in die Irre zu führen, ja sogar unmöglich. «Dem Sophisten nicht das letzte Wort überlassen», könnte daher der Grundsatz lauten, dem dieses Buch folgt.

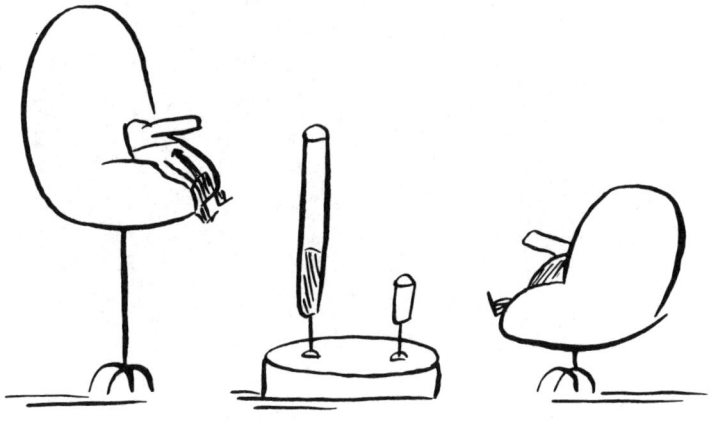

Impulse für ein freieres Leben.